Taha Hussain
Kindheitstage

Taha Hussain
Kindheitstage

Erzählung

Edition Orient

Lizenzausgabe von Taha Hussain
„Kindheitstage" mit Genehmigung
des Max Hueber Verlags, München,
Berlin 1985
Umschlag: Klaus Böllhoff
Satz: Edition Orient
Druck: Keule-Druck, Berlin
ISBN 3-922825-21-4

Inhalt

Kindheitstage 7
Über den Autor 120
Erläuterungen 122

Er kann sich weder auf den Namen des Tages besinnen noch ihm im Lauf der Monate und Jahre den Platz zuweisen, den Gott ihm gegeben hat. Nicht einmal an die Tageszeit kann er sich erinnern. Er kann all das nur annähernd bestimmen.

Er nimmt an, daß es um die Morgen- oder Abenddämmerung jenes Tages war. Das ist ihm am wahrscheinlichsten, weil er sich entsinnt, daß sein Gesicht zu jener Zeit einen Windhauch fühlte, in dem eine gewisse Frische mitschwang, die nicht von der Sonnenglut aufgesogen war. Zur Zeit der Dämmerung muß es wohl gewesen sein, glaubt doch der blinde Knabe sich erinnern zu können, daß er, der ja das wirkliche Licht und die wirkliche Finsternis gar nicht kennengelernt hatte, beim Verlassen des Hauses ein ruhiges, leichtes, freundliches Licht wahrnahm, dessen Ränder von Dunkelheit überschattet waren. Gewiß war es so, denn er glaubt sich zu entsinnen, daß er im Empfinden dieses Hauches und Lichtes um sich herum keine kraftvolle, lebendige Bewegung wahrnahm, sondern nur eine Regung des Erwachens aus dem Schlafe oder eines sanften Einschlummerns.

Wenn ihm von dieser Zeit je eine klare und deutliche Erinnerung blieb, die jeden Zweifel ausschließt, so ist es das Bild jener Hecke aus Maisrohr, die vor ihm aufragte und die man von der Tür des Hauses aus mit wenigen Schritten erreichen konnte. Er erinnert sich an diese Hecke, als habe er sie noch gestern gesehen. Er entsinnt sich, daß ihr Rohr höher war als er, so daß es ihm schwerfiel, darüber zu klettern, um auf die dahinterliegenden Felder zu gelangen, und daß die Schäfte so eng zusammenstanden, als seien sie aneinandergeklebt, so daß er nicht einmal durch eine Lücke schlüpfen konnte. Er erinnert sich ferner, daß sich das Röhricht dieser Hecke nach beiden Seiten, nach links und nach rechts, erstreckte, zu seiner Linken bis zu einem Punkt, der jenseits seiner Vorstellung lag, und zu seiner Rechten bis ans Ende der Welt. Aber das Ende der Welt war dort nahe: Es lag an dem Kanal, den er kennenlernte, als er älter wurde, und der in seinem Leben – oder sagen wir in seiner Vorstellung – eine ungeheure Bedeutung haben sollte.

An all das erinnert er sich genau und weiß auch noch, daß er die Hasen beneidete, die, ebenso wie er, aus dem Hause herauskamen, dann aber im Sprunge über die Hecke setzten oder zwischen ihren Stäben durchschlüpften, um an dem Grüngemüse hinter der Hecke zu knabbern. Daß dort Kohl stand, ist ihm besonders in Erinnerung. Er entsinnt sich, daß er gern aus dem Haus herauskam, wenn die Sonne unterging und die Menschen zu Abend aßen. Dann lehnte er sich an die Rohrstämme der Hecke, tief in Gedanken versunken, bis ihn die Stimme des Erzählers weckte, der in einiger Entfernung links von ihm saß und um den sich die Menschen drängten. Er begann, in einschmeichelnden, wundersamen Tönen die Geschichten von Abu Zaid, Chalifa und Diyâb vorzutragen, und sie schwiegen dazu. Schließlich baten sie tiefbewegt um Wiederholung oder stritten und diskutierten in leidenschaftlicher Erregung. Der Erzähler pflegte dann zu schweigen, bis sich ihr Geschrei über kurz oder lang gelegt hatte. Darauf nahm er seinen wundervollen Vortrag in jener eintönigen Melodie wieder auf, die sich kaum jemals veränderte.

Er erinnert sich, daß er niemals nachts auf seinen Platz an

der Hecke hinausging, ohne im Innersten schmerzlich bedrückt zu sein, wußte er doch, daß dieses Zuhören ein jähes Ende fand, wenn seine Schwester ihn ins Haus zurückrief. Dann würde er sich weigern, sie würde ihn an seinen Kleidern zerren und er sich zur Wehr setzen, aber schließlich würde sie ihn in die Arme nehmen, als wäre er ein Spielzeug, und ihn im Laufschritt zu einer Stätte bringen, wo man ihn auf den Fußboden legte und seinen Kopf in den Schoß der Mutter bettete. Die Mutter würde ihre Aufmerksamkeit seinen armen, kranken Augen zuwenden, sie nacheinander öffnen und eine Flüssigkeit hineinträufeln, die ihn zwar stets schmerzte, ihm aber keine Besserung brachte. Er, obwohl er litt, würde sich hüten, zu klagen oder zu weinen, denn er fand es abscheulich, so eine quengelnde Heulliese zu sein wie seine Schwester.

Darauf wird er nun in die Ecke eines kleinen Zimmers befördert. Seine Schwester legt eine weiche Decke auf die Matte und bettet ihn darauf, breitet eine andere Decke über ihn und verläßt ihn dann. Da ist er nun mit seinem Kummer allein. Er lauscht mit aller Anstrengung. Vielleicht daß sein Gehör die Wand durchdringen kann – es könnte ja sein, daß ihn auf diese Weise etwas von dem wonnesamen Gesang erreicht, den der Märchenerzähler unter freiem Himmel wieder und wieder vorträgt.

Schließlich überwältigt ihn der Schlaf, und er fühlt nichts mehr; doch plötzlich erwacht er, während die anderen Menschen schlummern. Um ihn herum schnarchen seine Brüder und Schwestern laut, sie suchen sich im Schnarchen zu übertreffen! Er schiebt ängstlich zaudernd die Decke vom Kopf. Wie haßte er es, mit unbedecktem Gesicht zu schlafen! Er war überzeugt, wenn er während der Nacht sein Gesicht unbedeckt ließe oder wenn irgendein Teil seines Körpers unter der Decke hervorschaute, dann würde sicherlich ein Ifrît sein

Spiel damit treiben, irgendeiner von den vielen Geistern, die alle Räume des Hauses bewohnten und all seine Ecken und Winkel bevölkerten. Wenn die Sonne schien und die Menschen sich rührten, schlüpften sie unter die Erde. Aber sobald die Sonne untergegangen war und die Menschen sich zur Ruhe begeben hatten, die Lampen gelöscht und die Stimmen verklungen waren, stiegen diese Kobolde zur Erdoberfläche empor und füllten den Raum mit geschäftigem Getriebe, Gewisper und Geschrei. Wie oft erwachte unser kleiner Freund nachts, vernahm das Rede- und Antwortspiel der Hähne und das Gegacker der Hühner, und bemühte sich, die verschiedenen Stimmen zu unterscheiden. Denn zum Teil mochten es die Stimmen der echten Hähne sein, zum Teil aber waren es die Stimmen der Ifrîts, die die Gestalt von Hähnen angenommen hatten und sie nun zum Spaß äußerst geschickt nachahmten. Doch diese Stimmen beachtete er nicht sonderlich und hatte auch keine Angst vor ihnen, denn sie drangen nur von ferne zu ihm her. Schreckliche Furcht aber hatte er vor anderen Geräuschen, die aus den Ecken des Zimmers auf ihn zukamen und ganz dünn und zart waren. Einige ähnelten dem Summen eines Kessels, der auf dem Feuer kocht, andere dem Schieben von leichten Gegenständen, die von einem Ort zum anderen gerückt werden, wieder andere klangen wie brechendes Holz oder knackende Zweige. Die schlimmste Angst freilich empfand er vor Gestalten, die er in seiner Einbildung vor der Zimmertür stehen sah, so daß diese ganz von ihnen verstellt wurde. Sie führten verschiedene Bewegungen aus, die eine gewisse Ähnlichkeit mit den Bewegungen der in mystische Verzückung versunkenen Derwische bei den Dhikr-Veranstaltungen hatten. Er meinte, daß es für ihn keinen anderen Schutz vor all diesen schrecklichen Gestalten und gräßlichen Geräuschen gebe, als sich von Kopf bis Fuß in seine Decke einzuwickeln, ohne auch nur ein kleinwinziges Luftloch zu lassen – denn er glaubte, selbst durch den kleinsten Spalt würde die Hand eines Kobolds nach seinem Körper greifen und mit ihm ihr böswilliges Spiel treiben.

So verbrachte er seine Nächte voller Furcht, bis der Schlaf ihn übermannte. Doch konnte er nur wenig schlafen. Er erwachte frühzeitig, noch vor Tagesanbruch, und verbrachte lange Nachtstunden in Angstvorstellungen und in der Furcht vor den Ifrîts, bis endlich die Stimmen der Frauen an sein Ohr drangen, die zu ihren Häusern zurückkehrten. Sie hatten ihre Krüge am Kanal gefüllt und sangen: „Allah – yâ lail – Allah! O Gott! O du Nacht! O Gott!" Da wußte er, daß die Morgendämmerung angebrochen war und daß sich die Ifrîts in ihre unterirdische Behausung zurückgezogen hatten. Nun verwandelte er sich selbst in einen kleinen Kobold, plauderte laut mit sich selber, sang, was er von den Versen des Märchenerzählers noch wußte, und stieß seine Brüder und Schwestern um sich herum an, bis er einen nach dem anderen aufgeweckt hatte. War ihm das endlich gelungen, was gab es dann für ein Singen und Schreien, ein Lärmen und Getöse! Diesem Getümmel wurde erst Einhalt geboten, wenn sich der Scheich von seinem Lager erhob und nach einem Krug Wasser für die religiöse Waschung rief. Da wurden die Stimmen leise und die Bewegungen behutsam, während der Scheich nach der Waschung betete, seinen Koranabschnitt las, endlich Kaffee trank und sich an seine Arbeit begab. Wenn sich die Tür hinter ihm geschlossen hatte, stand die ganze Gesellschaft auf, zerstreute sich schreiend und lachend und trieb sich in buntem Wirbel mit Federvieh und sonstigem Getier im Hause herum.

Er war überzeugt, daß die Welt zu seiner Rechten an jenem Kanal endete, der nur wenige Schritte von ihm entfernt vorüberfloß. Warum auch nicht? Er sah ja die Breite des Kanals nicht und konnte nicht ermessen, daß ein munterer Junge von einem Ufer ans andere springen konnte; er konnte sich nicht vorstellen, daß es jenseits des Kanals genau dieselben Menschen, Tiere und Pflanzen gab wie diesseits; er ahnte nicht, daß ein erwachsener Mann diesen Kanal, wenn er voll Wasser war, durchwaten konnte, ohne daß ihm das Wasser auch nur bis an die Achsel reichte. Er wußte auch nicht, daß ab und zu das Wasser ablief und der Kanal zu einem langgestreckten Graben wurde, in dem die Knaben spielten und auf dessen schlammigem Grund sie nach den zurückgebliebenen kleinen Fischen suchten, die, vom Wasser abgeschnitten, verendet waren.

Er kannte das alles nicht und wußte doch mit unumstößlicher Sicherheit, daß dieser Kanal eine andere Welt darstellte, die ganz unabhängig war von jener Welt, in der er selbst lebte. Sie war von ungezählten, verschiedenen seltsamen Wesen bevölkert: menschenfressenden Krokodilen und Verzauberten, die sich am hellichten Tage und in der dunklen Nacht unter Wasser aufhielten und nur während der Morgen- und Abenddämmerung aus dem Wasser auftauchen durften, um Atem zu holen. Sie stellten, wenn sie auftauchten, eine große Gefahr für die Kinder dar und beunruhigten Frauen und Männer. Auch jene großen, dicken Fische gehörten dazu, die jedes Kind verschlangen, dessen sie habhaft werden konnten. Freilich konnte man das Glück haben, im Bauche eines dieser Fische den Königsring zu finden. Diesen Ring braucht man nur an seinem Finger zu drehen – und im selben Augenblick eilen zwei Diener von den Dschinnen herbei und führen aus, was immer man wünscht. Diesen Ring hatte König Salomo getragen und sich so die Dschinnen, die Winde und jede beliebige Naturkraft untertänig gemacht. Wie gern wäre unser Freund in den Kanal hinabgestiegen – vielleicht hätte ihn einer jener Fische verschlungen und er in seinem Bauch den Ring gefunden! Er hätte ihn so dringend gebraucht! Hätte er dann nicht zum mindesten verlangt, daß einer dieser Diener ihn auf die andere Seite des Kanals trüge, damit er sähe, was es dort an Wundern gab? Er hatte jedoch große Angst vor den Schrecken, die ihn erwarteten, ehe er zu diesem auserkorenen Fisch gelangen würde.

Indessen konnte er auch das diesseitige Ufer des Kanals nicht weit erforschen, denn nach beiden Seiten zu war es gespickt mit Gefahren. Zur Rechten waren die Aduwis; das waren Leute aus Oberägypten, die dort in ihrem großen Haus lebten, vor dessen Tür zwei riesige Hunde ununterbrochen bellten. Immer wurde von den Tieren irgendeine Geschichte erzählt, und wer dort vorübergehen mußte, konnte sich nur mit großer Mühe vor ihnen retten.

Zur Linken standen die Zelte, in denen „Saʿîd, der Beduine" wohnte, von dessen List, Tücke und Blutdurst man allenthalben sprach, und mit ihm lebte seine Frau Kawâbis, die einen großen Goldring in der Nase trug. Sie kam öfters ins Haus unseres kleinen Freundes und küßte ihn von Zeit zu Zeit ab. Dabei erschreckte sie ihn stets mit ihrem großen Nasenring und tat ihm damit weh. Es war für ihn stets ein höchst beängstigendes Unterfangen, nach rechts hin vorzudringen und dann den beiden Hunden der Aduwis gegenüberzustehen oder nach links vorzustoßen und Saîd und seinem Weibe Kawâbis in die Hände zu fallen.

Doch fand er in dieser kleinen, engen, ringsum begrenzten Welt mancherlei Spiel und Spaß, die seine Tage ganz ausfüllten.

Das Gedächtnis der Kinder ist seltsam, oder sagen wir lieber, das Gedächtnis des Menschen ist sonderbar, wenn er versucht, sich die Begebenheiten der Kindheit zurückzurufen. Es gibt ihm einige dieser Vorkommnisse ganz klar und deutlich wieder, als wäre seitdem keine so lange Zeit verstrichen, und löscht andere aus, als hätte er sie nie erlebt.

Unser Freund erinnert sich gut an die Hecke und das Feld dahinter, an den Kanal, wo die Welt endete, an Sa'îd und Kawâbis und die Hunde der Aduwis. Wenn er sich aber ins Gedächtnis zurückzurufen versucht, was mit all dem geschehen ist, dann hat er nicht den geringsten Erfolg. Es ist, als habe er eine Nacht durchgeschlafen und sei dann erwacht: Plötzlich ist keine Hecke mehr da; kein Feld, kein Sa'îd, keine Kawâbis mehr zur sehen. Anstelle des Kanals und des Feldes sieht er nur hohe Häuser und wohlgeordnete, gerade Straßen, die sich von Norden nach Süden über eine kurze Strecke vom Kanaldamm den Abhang herabziehen. Er erinnert sich an manche Leute, die in diesen Häusern wohnten, an Frauen und Männer, und an so manche Kinder, die in diesen Straßen spielten.

Er entsinnt sich, daß er nach rechts und links am Kanalufer entlanggehen konnte, ohne die Hunde der Aduwis oder die Tücke Sa'îds und seines Weibes fürchten zu müssen. Er weiß noch, daß er viele Stunden am Tag beim Kanal zubrachte, äußerst vergnügt über all das, was er von Hassan, dem Märchenerzähler hörte, der seine Weisen von Abu Zaid, Chalîfa und Diyâb sang, während er mit dem Schöpfbaum Wasser heraufholte, um damit sein Feld am anderen Ufer des Kanals zu bewässern. Er erinnert sich, daß er mehr als einmal den Kanal auf den Schultern eines seiner Brüder durchquerte, ohne des salomonischen Ringes zu bedürfen, und daß er bisweilen am jenseitigen Ufer zu den Maulbeerbäumen ging und von den wohlschmeckenden Früchten aß. Er weiß auch noch, daß er manchmal nach rechts am Kanalufer vordrang, bis er zum Garten des Lehrers gelangte, wo er öfters Äpfel aß und sich gelegentlich Minze und Basilienkraut pflückte. Aber er ist völlig unfähig, herauszufinden, auf welche Art diese Veränderungen vor sich gegangen waren und wie sich das Angesicht der Erde so hatte wandeln können.

Er war der siebente von den dreizehn Sprößlingen seines Vaters und das fünfte unter den elf Kindern von dessen zweiter Frau. Er hatte das Gefühl, daß er unter dieser Schar von größeren und kleineren Kindern einen besonderen Platz einnahm, der sich von der Stellung seiner Brüder und Schwestern unterschied. Aber befriedigte ihn diese Sonderstellung oder betrübte sie ihn? Es fällt ihm schwer, sich darüber klarzuwerden. Er könnte jetzt wirklich kein eindeutiges Urteil mehr darüber abgeben.

Er erfuhr Nachsicht und Mitleid von seiner Mutter und empfand, daß auch sein Vater ihm mitfühlende Güte entgegenbrachte. Bei seinen Geschwistern spürte er eine gewisse Vorsicht in der Art, wie sie ihn behandelten und mit ihm sprachen. Aber neben der milden Nachsicht, die seine Mutter ihm zeigte, bemerkte er doch manchmal etwas wie Überdruß und Barschheit, und auch bei seinem Vater stellte er neben aller Freundlichkeit gelegentlich eine gewisse Vernachlässigung und manchmal sogar Abneigung fest. Die Vorsicht seiner Geschwister kränkte ihn, weil er in ihr Mitleid mit Verachtung gemischt spürte. Es dauerte jedoch nicht lange, bis er den Grund für all das herausfand: er erkannte, daß andere Menschen ihm gegenüber im Vorteil waren und daß seine Brüder und Schwestern Dinge vermochten, zu denen er nicht imstande war. Er merkte, daß die Mutter seinen Geschwistern gestattete, was sie ihm verbot, und das reizte ihn und machte ihn zornig. Aber dieser Zorn verwandelte sich bald in tiefe, stille Traurigkeit, als er seine Geschwister Dinge beschreiben hörte, die ihm gänzlich unbekannt waren. Da begriff er, daß sie sahen, was er nicht sehen konnte.

Er war von Natur aus wissensdurstig und achtete auf kein Hindernis, wenn er irgendetwas ihm Unbekanntes ausfindig machen wollte. Das trug ihm viel Schmerzen und Widerwärtigkeiten ein. Und ein bestimmtes Erlebnis setzte dann seinem Forscherdrang Grenzen und füllte sein Herz mit einer Scheu, die ihn bis heute nicht wieder verlassen hat.

Er setzte sich mit seinen Geschwistern und seinem Vater zum Abendessen, und die Mutter teilte, wie das ihre Gewohnheit war, das Essen aus. Sie gab dem Diener die nötigen Anweisungen und leitete die Schwestern an, die zusammen mit dem Diener dafür sorgten, daß alles auf den Tisch kam, was die Speisenden brauchten. Auch er aß, wie man eben zu essen pflegt. Da kam ihm ganz von ungefähr ein sonderbarer Einfall: Was würde sich wohl ereignen, wenn er einen Bissen mit beiden Händen ergriffe statt, wie es Sitte war, nur mit einer Hand? Was sollte ihn schon von diesem Versuch abhalten? Nichts! So nahm er also den Bissen mit beiden Händen, tunkte ihn in die gemeinsame Schüssel und führte ihn zum Munde. Seine Geschwister erstickten fast vor Lachen, seine Mutter aber war den Tränen nahe, und sein Vater sagte mit ruhiger, trauriger Stimme: „So nimmt man den Bissen nicht, mein Sohn." –

Er aber verbrachte eine schreckliche Nacht.

Seither waren seine Bewegungen gehemmt durch eine

grenzenlose Scham, Schwere und Angst. Doch seit jenem Tage wurde er sich auch seines starken Willens bewußt. Er untersagte sich den Genuß verschiedener Speisen und gestattete sie sich nicht mehr bis zu seinem 25. Lebensjahr. Er entzog sich den Genuß von Suppe, von Reis und jeglicher Art von Speise, die mit dem Löffel gegessen wird, denn er hatte gemerkt, daß er den Löffel nicht gut handhaben konnte, und er haßte es, wenn seine Geschwister lachten, seine Mutter weinte und sein Vater ihn in ruhigem, traurigem Ton zurechtwies.

Dieses Ereignis verhalf ihm zum Verständnis dessen, was die Überlieferer von Abu l-'Alâ' erzählten. Jener aß nämlich eines Tages Dattelhonig. Da fielen einige Tropfen auf seine Brust, ohne daß er es merkte. Als er nun zum Unterricht ging, sagte einer seiner Schüler zu ihm:

„Meister, du hast Dattelhonig gegessen!"

Er fuhr sich mit der Hand an die Brust und sprach:

„Jawohl; Gott verfluche die Freßgier!"

Und vom selbigen Tage an versagte er sich den Genuß des Honigs für sein ganzes Leben.

Sein eigenes Erlebnis machte ihn überhaupt fähig, manches von Abu l-'Alâ's Verhalten richtig zu verstehen. So zum Beispiel, daß sich jener beim Essen völlig zurückzog, sogar vor seinem Diener. Er aß in einem unterirdischen Schlupfwinkel und befahl seinem Diener, ihm das Essen immer in dieser Höhle anzurichten und dann hinauszugehen. Darauf blieb er zum Mahl allein und nahm sich, wonach ihm der Sinn stand.

Es wird auch erzählt, daß seine Schüler einmal die Aleppo-Melonen und ihre Vortrefflichkeit erwähnten. Da habe sich Abu l-'Alâ' die Mühe gemacht und jemanden nach Aleppo geschickt, um ihnen welche zu kaufen. Als sie sie dann verspeisten, hob der Diener seinem Herrn ein Stück davon auf und legte es ihm in die Höhle. Da er es aber wohl nicht an den Platz gelegt hatte, wo er gewöhnlich die Speisen anzurichten pflegte, und weil der Scheich nicht nach seinem Anteil an der Melone fragen wollte, blieb sie an ihrem Platz liegen, bis sie verdorben war, und der Scheich bekam sie nicht zu kosten.

Der Knabe verstand die Handlungsweise des Abu l-'Alâ' nur zu gut, denn er fand sich selbst darin. Wie sehr wünschte er schon als kleines Kind, beim Essen allein gelassen zu werden! Aber er wagte nicht, seiner Familie diesen Wunsch zu offenbaren. Häufig ließ man ihn allerdings doch alleine essen, vor allem im Ramadan und an den großen Festtagen. Da gab es in seiner Familie stets eine Reihe von Süßspeisen, die mit dem Löffel gegessen werden und von denen er deshalb am gemeinsamen Tisch nichts zu sich nahm. Seine Mutter aber war sehr gegen diese Enthaltsamkeit; darum stellte sie ihm einen eigenen Teller bereit und ließ ihn damit in einem besonderen Zimmer allein; dort schloß er sich ein, so daß keiner ihn während des Essens sehen konnte.

Später, als er selbständig war, machte er sich diese Art zur ständigen Gewohnheit. Er führte diesen Brauch ein, als er zum ersten Mal nach Europa fuhr. Auf dem Schiff schützte er Müdigkeit vor und lehnte es ab, zu Tisch zu kommen. Man brachte ihm darauf das Essen in seine Kabine. Als er dann in Frankreich lebte, machte er es sich zur Regel, sich im Hotel oder bei der Familie, wo er wohnte, das Essen auf sein Zimmer bringen zu lassen, um nicht in die Verlegenheit zu geraten, eine Mahlzeit am gemeinsamen Tische einnehmen zu müssen. Von dieser Gewohnheit ließ er nicht ab, bis er heiratete, und seine Frau ihn von vielen Eigenheiten, die er sich angewöhnt hatte, befreite.

Dieses Ereignis brachte viel Kummer in sein Leben. Er wurde sprichwörtlich in der Familie und unter denen, die ihn später kennenlernten, als sein Leben schon die Bezirke der engeren Häuslichkeit zu überschreiten begann und er ins Gemeinschaftsleben eintrat. Er war ein schwacher Esser, nicht weil er keinen guten Appetit gehabt hätte, sondern weil er fürchtete, für gierig gehalten zu werden und aus Angst, seine Brüder könnten sich zuzwinkern und sich über ihn lustig machen. Zuerst bereitete es ihm viel Mühe, aber er gewöhnte sich bald daran, und später fiel es ihm schwer, soviel zu essen wie andere Menschen. Er nahm sich nur äußerst kleine Portionen. Doch hatte er einen Onkel, den das schrecklich erboste. Und jedesmal, wenn dieser ihn sah, regte er sich auf, schalt ihn und forderte ihn ganz energisch auf, größere Mengen zu verspeisen. Dann pflegten seine Geschwister furchtbar zu lachen. Oh, wie haßte er doch seinen Onkel!

Er scheute sich, bei Tisch zu trinken, aus Furcht, er könnte das Glas umwerfen oder nicht ordentlich in die Hand nehmen, wenn es ihm gereicht würde. So verzehrte er seine Mahlzeiten trocken, und erst wenn er aufstand und hinausging, um sich die Hände zu waschen, trank er nach Herzenslust aus dem Hahn. Aber das Wasser war nicht immer sauber, und auf solche Art seinen Durst zu stillen, war seiner Gesundheit durchaus nicht zuträglich. Er hörte jedoch nicht eher damit auf, als bis er ein Magenleiden bekam, dessen Ursache freilich keiner anzugeben wußte!

Er versagte sich die Teilnahme an jeder Art kindlicher Vergnügen und Unterhaltung, abgesehen von solchen Spielen, die ihm nicht zu große Anstrengungen bereiteten und ihn nicht dem Mitleid und Gelächter der anderen aussetzten. Seine Lieblingsbeschäftigung bestand darin, eine Anzahl Eisenstückchen zu sammeln und sich mit ihnen in einen ruhigen Winkel des Hauses zurückzuziehen. Dort legte er sie auf einen Haufen und streute sie wieder auseinander und klopfte mit dem einen auf das andere. Stunden konnte er so verbringen, und war er dessen überdrüssig, stand er auf und ging zu seinen Geschwistern und seinen Altersgenossen, die irgendwo spielten, und beteiligte sich – wohl mit dem Verstand, aber nicht handelnd – am Spiel. Auf diese Weise lernte er die meisten Spiele, ohne daran teilzunehmen, und während er sich so abseits hielt, gab er schließlich einer anderen Art Zerstreuung den Vorzug: dem Märchen- und Geschichtenhören.

Am liebsten lauschte er dem Singsang des Märchenerzählers oder wenn sich die Männer des Dorfes mit seinem Vater oder die Frauen mit seiner Mutter unterhielten. Bei diesen Gelegenheiten lernte er den Reiz des Zuhörens kennen. Sein Vater und eine Anzahl seiner Freunde hatten Erzählungen aller Art außerordentlich gern. Nach dem Nachmittagsgebet trafen sie sich bei einem von ihnen, der die Geschichten von den Raubzügen und Eroberungen, die Überlieferungen von Antara und Zâhir Baibars, von den Propheten, den Heiligen und den Frommen erzählte und ihnen aus den Büchern der Predigten und der Sunna vorlas. Unser Freund saß wie ein eingeschüchterter Hund in respektvollem Abstand dabei, von niemandem beachtet. Aber ihm entging nichts von allem, was gesprochen wurde, und er versäumte nicht, den Eindruck zu beobachten, den die Geschichten auf die einzelnen Zuhörer machten. Wenn die Sonne am Horizont sank, gingen die Leute auseinander und begaben sich zum Abendbrot. Hatten sie dann ihr Abendgebet verrichtet, kamen sie wieder zusammen und plauderten bis weit in die Nacht hinein. Der Märchenerzähler gesellte sich zu ihnen und trug ihnen die Geschichte von den Banû Hilâl und Zanâtî vor, und unser kleiner Freund saß und lauschte beim Anbruch der Nacht wieder ebenso gespannt, wie er gegen Ende des Tages gelauscht hatte.

Die Frauen in Ägyptens Dörfern schweigen nicht gern, sie sind dazu nicht geschaffen. Ist eine ganz allein und kann niemanden ansprechen, dann erzählt sie sich selbst etwas. Ist sie guter Laune, singt sie, ist sie traurig, stimmt sie Klagelieder an. Und jede Ägypterin kann traurig sein, wann immer es ihr beliebt. Sind die Frauen in den Dörfern also allein, brechen sie mit Vorliebe in Wehklagen über ihren Kummer oder über ihre Toten aus. Dann besingen sie den Dahingeschiedenen, wie gut und tapfer er doch gewesen sei, und nicht selten endet das Klagelied mit Geheul. Unser kleiner Freund war sehr glücklich, wenn er seinen Schwestern beim Singen und wenn er seiner Mutter beim Wehklagen zuhören konnte. Was seine Schwestern sangen, reizte ihn zwar nur, ohne eine Spur in seiner Seele zu hinterlassen, denn er fand es kümmerlich und ausdruckslos. Aber die Trauerlieder seiner Mutter bewegten ihn tief und rührten ihn oft zu Tränen. So lernte unser Freund allmählich eine Menge Lieder und Klagegesänge und viele ernste und heitere Geschichten kennen. Außerdem merkte er sich noch, was eigentlich mit alldem keinen Zusammenhang hat: die Koranabschnitte, die sein alter, blinder Großvater morgens und abends rezitierte.

Der Großvater war ihm höchst widerwärtig und verhaßt. Er pflegte jeden Winter im Elternhaus des Knaben zu verbringen. Erst als ihn das Schicksal dazu zwang, hatte er ein frommes, den heiligen Vorschriften gemäßes Leben zu führen begonnen. Nun sprach er die fünf Gebete zu den vorgeschriebenen Zeiten, und seine Zunge wurde nicht müde, Allah zu preisen. Er erhob sich, wenn die Nacht zu Ende ging, und sprach das Gebet der Morgendämmerung. Er begab sich erst in vorgerückter Stunde zur Ruhe, nachdem er das Abendgebet verrichtet und eine Reihe anderer Gebete und Koranabschnitte rezitiert hatte. Unser Freund schlief in dem Zimmer, das an das des Alten stieß, und hörte seinen Vortrag. Und er behielt, was er vernahm, so daß er eine große Zahl Koranabschnitte und Gebete auswendig lernte.

Noch eins ist zu erwähnen: Die Dorfleute hatten für alles Mystische eine Vorliebe und fanden sich gern zu Dhikr-Veranstaltungen zusammen. Diesen Zug liebte unser Freund an ihnen, weil er das Singen bei den Zusammenkünften äußerst vergnüglich und unterhaltsam fand. So kannte er, noch ehe er neun Jahre alt war, eine Menge Lieder, Klageweisen und Geschichten, kannte die Dichtungen von den Banû Hilâl und Zanâtî, Sprüche, Anrufungen, Gebete und mystische Gesänge und konnte außerdem noch den Koran auswendig aufsagen.

Er weiß jedoch nicht mehr, wie er den Koran lernte, und auch nicht, wann er damit anfing und wann er ihn je wiederholt hätte, obwohl ihm noch viele Begebenheiten aus seiner Schulzeit gegenwärtig sind: solche, die ihm jetzt komisch vorkommen und solche, die ihn heute traurig stimmen. Er kann sich noch erinnern, wie er eine Zeitlang auf den Schultern eines seiner Brüder zur Schule ritt, denn der Weg dorthin war weit, und er selbst war viel zu schwach, um solche Entfernungen zu Fuß zurückzulegen. Ihm ist aber entfallen, wann er selbständig zur Schule zu gehen begann.

Er sieht sich noch eines Tages in der Frühe auf dem Fußboden vor «unserem verehrten Herrn» sitzen, und im Halbkreis um sich eine Anzahl Sandalen. Er vergnügte sich mit einigen und entsinnt sich bis heute der vielen Flicken, die daraufgesetzt waren. «Unser verehrter Herr» saß auf einer nicht zu hohen, nicht zu niedrigen Holzbank, die rechts neben der Tür stand, und jeder, der eintrat, mußte an dem Lehrer vorübergehen. Wenn «unser verehrter Herr» die Schule betrat, zog er gewöhnlich seinen Mantel, der von recht bäuerischem Schnitt war, aus, rollte ihn zusammen und legte sich ihn als Kissen an die rechte Seite. Dann zog er seine Sandalen aus, setzte sich mit gekreuzten Beinen auf die Bank, zündete sich eine Zigarette an und begann, die Namen aufzurufen. «Unser verehrter Herr» trug sein Schuhwerk, solange es nur irgend möglich war; oben und unten, vorn und hinten hatte er seine Schuhe schon flicken und ausbessern lassen. War eine Sandale wieder einmal reparaturbedürftig, rief er einen Jungen seiner Schule herbei, ergriff die Sandale und sagte:

„Du gehst jetzt zum Schuhmacher, der wohnt gar nicht weit von hier, und sagst ihm: '«Unser verehrter Herr» läßt dir sagen, daß sein Schuh dringend einen neuen Flicken braucht, und zwar auf der rechten Seite!' Siehst du? Gerade da! Da, wo ich meinen Finger hinlege. Darauf wird der Schuhmacher antworten: 'Gut, ich werde diesen Flicken aufsetzen.' Und du erwiderst: '«Unser verehrter Herr» läßt dir sagen, du sollst festes, haltbares, neues Leder dafür wählen und den Flicken schön draufsetzen, daß man ihn gar nicht merkt – oder wenigstens kaum merkt!' Er wird dir sagen: 'Schön, so soll es geschehen!' Dann antwortest du: 'Und «unser verehrter Herr» sagt dir ferner, er sei doch seit langem dein Kunde, also stelle das bitte in Rechnung!' Was er auch einwenden möge, laß dich nicht auf mehr als einen Piaster als Bezahlung ein! Dann komm zurück, aber schnell, bevor ich noch einmal mit den Augen geblinzelt habe!"

Der Knabe machte sich davon. «Unser verehrter Herr» vergaß ihn, und vor dessen Rückkehr hatte er schon ein, zwei, ach, viele, viele Male mit den Augen geblinzelt.

Jedoch konnte der gute Mann die Augen schließen und öffnen, soviel er wollte, er sah darum nicht besser. Bis auf einen ganz schwachen Lichtschimmer auf dem einen Auge war er nämlich blind. Er gewahrte Schemen, die er aber gar nicht deutlich unterscheiden konnte. Doch dieser schwache Schimmer genügte, ihn glücklich zu machen: Er täuschte sich selbst und redete sich ein, er könne so gut wie alle anderen sehen. Das hinderte ihn natürlich nicht, sich während des Weges zur Schule und wieder nach Hause auf zwei Schüler zu stützen. Dabei legte er ihnen beide Arme auf die Schultern, und alle drei trabten drauflos. Sie nahmen die ganze Breite des Weges ein, die Vorübergehenden mußten ihnen Platz machen. Wirklich, der Anblick, den «unser verehrter Herr» auf dem Schul- und Nachhauseweg am Morgen und Abend bot, war recht sonderbar: korpulent von Gestalt und die Bewegungen schwerfällig, dazu ein weiter Überhang, der die Plumpheit seiner Erscheinung noch verstärkte. Wie schon erwähnt, legte er beide Arme seinen Weggenossen auf die Schultern. So marschierten sie dahin, und der Boden dröhnte unter ihrem Tritt. «Unser verehrter Herr» wählte sich für diese Aufgabe die klügsten Schüler mit den besten Stimmen. Er liebte Gesang, und es machte ihm Freude, seine Schüler diese Kunst zu lehren. Und für diesen Unterricht erkor er jedesmal den Weg, den er zu gehen hatte. Da sang er. Ab und zu mußten seine Gefährten ihn begleiten, dann wieder seinem Solo lauschen. Manchmal ließ er auch einen vorsingen und fiel mit dem zweiten beim Refrain ein.

«Unser verehrter Herr» sang aber nicht nur mit der Stimme und der Zunge, sein Kopf, sein ganzer Körper sangen mit. Der Kopf ging auf und nieder oder schwenkte nach links und nach rechts. «Unser verehrter Herr» sang auch mit den Händen: Seine Finger trommelten den Takt zu den Melodien seinen Gefährten auf die Brust. Es kam auch vor, daß ihm eine Strophe besonders gut gefiel. Wenn er dann merkte, daß der Schritt nicht mit dem Takt übereinstimmte, blieb er stehen, bis er sein Lied beendet hatte. Das Merkwürdigste aber war, daß «unser verehrter Herr» seine Stimme schön fand! Unser kleiner Freund freilich meinte, daß Allah wohl kaum eine häßlichere Stimme erschaffen habe als die «unseres verehrten Herrn». Jedesmal wenn er den Koranvers „Die abscheulichste Stimme ist die der Esel" las, mußte er an «unseren verehrten Herrn» denken, wie er auf seinem Wege zum Nachmittagsgebet in die Moschee oder von der Schule heimkehrend die Verse der Burda taktschlagend vortrug.

Unser Freund sieht sich, wie gesagt, noch auf dem Boden sitzen, mit den Sandalen spielen, die um ihn herum liegen, und hört sich die „Sure des Barmherzigen" rezitieren, wie es ihn «unser verehrter Herr» geheißen hat. Aber er könnte jetzt nicht mehr sagen, ob er sie zum ersten oder schon zum soundsovielten Male aufsagte.

Dann sieht er sich wiederum dasitzen, aber weder auf der Erde noch im Kreise von Sandalen, sondern zur Rechten «unseres verehrten Herrn», auf einer zweiten länglichen Bank, und «unser verehrter Herr» läßt ihn aufsagen: „Wollt ihr den Menschen Frömmigkeit gebieten und euch selbst dabei vergessen, wo ihr doch die Schrift leset? Habt ihr denn keine Einsicht?" Und es ist ihm, als habe er den ganzen Koran schon einmal auswendig gelernt und begänne jetzt die Wiederholung. Es ist ja auch nicht verwunderlich, daß unser Freund vergessen hat, wie er den Koran lernte. Er wußte ihn nämlich bereits auswendig, bevor er sein neuntes Lebensjahr vollendet hatte. Er erinnert sich aber mit aller Deutlichkeit jenes Tages, da er das Einprägen des Koran abschloß. Schon ein paar Tage zuvor hatte ihm «unser verehrter Herr» die Wichtigkeit dieses Abschlusses klargemacht, er hatte ihm erzählt, wie sehr sich sein Vater darüber freuen würde, und hatte zu diesem Anlaß seine Bedingungen und die ihm zustehenden Ansprüche festgelegt. Hatte er doch vor unserem Freund schon vier seiner Brüder Koranunterricht erteilt, von denen einer bereits die Azhar besuchte, die anderen in verschiedene Schulen gingen! Unser Freund war demnach der fünfte. Wie viele Ansprüche hatte also «unser verehrter Herr» an die Familie zu stellen!

Die Forderungen «unseres verehrten Herrn» an die Familie bestanden stets in Essen, Trinken, Kleidung und Geld. Seine Ansprüche, als unser Freund den Koran beendet hatte, zielten in erster Linie auf ein fettes Abendessen ab, dann noch auf eine langärmlige Weste, einen Leibrock, ein Paar Schuhe, einen maghrebinischen Tarbûsch und eine Mütze aus einem Stoff, aus dem man sonst Turbane macht, ferner auf eine Goldguinee – mit weniger hätte er sich nicht begnügen können. Wenn die Familie ihm nicht das alles zugestehe, hieß es, wolle er sie nicht mehr kennen, überhaupt nichts mehr von ihr annehmen und seine Beziehungen zu ihr abbrechen. Und seine Worte unterstrich er mit den kräftigsten Schwüren.

Es war ein Mittwoch. «Unser verehrter Herr» hatte schon am Morgen angekündigt, unser Freund werde an diesem Tage den Koran zu Ende gelernt haben. Am späten Nachmittag trafen sie vor dem Hause ein. «Unser verehrter Herr» schritt, auf seine beiden Begleiter gestützt, dahin, und unser kleiner Freund, den ein Waisenkind des Dorfes führte, folgte ihm. Als sie angekommen waren, klopfte «unser verehrter Herr» an die Tür, ließ seinen üblichen Ruf „Yâ Sattâr!" – O Verschleierer! – erschallen und ging ins Empfangszimmer. Dort hatte der Scheich, des Knaben Vater, sein Nachmittagsgebet gerade beendet und rezitierte nach seiner Gewohnheit noch einige Gebete. Lächelnd und würdevoll empfing er die Ankömmlinge. Seine Stimme war ruhig, die «unseres verehrten Herrn» lärmend, unser Freund sagte gar nichts, und die kleine Waise grinste vergnügt. Der Scheich forderte «unseren verehrten Herrn» und seine Begleiter auf, Platz zu nehmen, drückte dem Waisenkind ein Silberstück in die Hand, rief den Diener und befahl ihm, das Kind hinauszubringen und ihm etwas zu essen vorsetzen zu lassen. Dann strich er seinem Sohn über den Kopf und sprach: „Möge Allah dir Erfolg schenken! Geh zu deiner Mutter und sag ihr, daß «unser verehrter Herr» da ist!"

Die Mutter hatte aber längst schon die Stimme «unseres verehrten Herrn» vernommen und vorbereitet, was zu diesem

Anlaß unerläßlich war, nämlich einen hohen und geräumigen Krug voll unvermischten Zuckersirups. Er wurde herausgetragen, und «unser verehrter Herr» goß ihn sich mit einem Schwung in den Mund. Seine Gefährten tranken zwei volle Becher. Darauf nahmen «unser verehrter Herr» und der Scheich den Kaffee zu sich. «Unser verehrter Herr» redete auf den Scheich ein, den Knaben doch einmal im Koran zu prüfen, aber der Scheich erwiderte: „Laß ihn nur spielen! Er ist ja noch klein." Darauf erhob sich «unser verehrter Herr» und wollte gehen, doch der Scheich sprach: „Beten wir, so Gott will, das Gebet des Sonnenuntergangs gemeinsam!" Das war endlich die Einladung zum Abendbrot. Ob «unser verehrter Herr» außerdem eine Belohnung dafür erhielt, daß er mit unserem kleinen Freund den Koran eingeübt hatte, wäre schwerlich mit Bestimmtheit zu sagen. Jedenfalls kannte jener die Familie seit zwanzig Jahren, er hatte fortwährend Geschenke von ihr empfangen, das feierliche Zeremoniell zwischen beiden war aufgehoben, und er war sicher überzeugt, daß ihn das Schicksal, mochte es ihm auch dieses Mal mit der Familie einen Streich gespielt haben, bei späterer Gelegenheit dafür entschädigen würde.

Seit jenem Tage war unser kleiner Freund also ein Scheich, denn er kannte den ganzen Koran auswendig, obwohl er nicht einmal neun Jahre zählte. Wer aber den Koran im Gedächtnis bewahrte, war ein Scheich, wie alt er auch immer sein mochte. Vater und Mutter nannten ihn Scheich, und «unser verehrter Herr» pflegte ihn vor seinen Eltern oder wenn er mit ihm zufrieden war, Scheich zu nennen, natürlich auch, wenn er ihn sich aus irgendeinem Grunde geneigt machen wollte. Sonst rief er ihn beim Vornamen oder einfach: „Junge!"

Unser junger Scheich nun war ein solches kleines blasses Männlein, wie man es sich dünner und schmächtiger wohl kaum vorstellen kann. Von mehr oder minder gewichtiger Würde eines Scheichs oder von hoheitsvollem Äußeren war keine Spur! Seine Eltern begnügten sich damit, ihn mit diesem Beinamen zu ehren, aber mehr zur Befriedigung ihres eigenen Stolzes und ihrer Selbstgefälligkeit, als um ihm damit eine Freude zu machen. Ihm gefiel natürlich diese Titulierung anfänglich, aber er hatte sich mehr davon erhofft, irgendeine sichtliche Genugtuung oder Ermutigung. Er hatte geglaubt, er würde ein echter Scheich sein und dürfe den Turban aufsetzen und Weste und Leibrock anlegen. Es war ja so schwer, ihm begreiflich zu machen, daß er noch zu klein sei, um einen Turban zu tragen und sich in einen Leibrock zu kleiden. Wie hätte ihn aber auch einer davon überzeugen können, da er doch wirklich ein Scheich war und seinen Koran im Kopf hatte! Nur, wie konnte so ein kleines Männlein überhaupt ein Scheich werden? Oder – wie konnte jemand, der den Koran auswendig wußte, so klein sein? Er wurde offensichtlich ungerecht behandelt, denn konnte es eine größere Ungerechtigkeit geben, als ihm sein Recht auf Turban, Weste und Leibrock streitig zu machen?

Nach wenigen Tagen hatte unser Freund die Bezeichnung Scheich satt, es war ihm zuwider, so gerufen zu werden. Er hatte das Gefühl, als sei das Leben voll Ungerechtigkeit und Lüge und die Menschen, sogar sein Vater, täten ihm unrecht. Selbst Vater und Mutter sein schien nicht heißen zu wollen, gegen Falschheit, List und Heuchelei gefeit zu sein. Dieses Gefühl erzeugte in ihm sehr bald eine Abscheu vor jenem Titel, aber auch die Erkenntnis, daß selbst die Seele seiner Eltern voll Selbstbewunderung und eitlem Hochmut war. Aber nach und nach vergaß er dies wie vieles andere.

Wenn man es genau nimmt, verdiente er ja noch gar nicht den Namen Scheich, denn trotz seiner Korankenntnis gehörte er nach wie vor nur eben in die Dorfschule, er war so liederlich wie früher angezogen, trug auf dem Kopfe statt des ersehnten Turbans die schäbige Mütze, die einmal in der Woche gebürstet wurde, und an den Füßen Sandalen, die man jährlich einmal ausbessern ließ und die er nicht eher ablegte, als bis er sie vollständig abgetragen hatte. Waren sie dann abgelegt, mußte er noch eine oder mehrere Wochen barfuß laufen, bis ihm Allah ein neues Paar gewährte. Dieser Zustand entsprach ihm auch vollauf, denn seinem Koranaufsagen war nicht lange Dauer beschieden. War aber er, nur er allein daran schuld? Oder durfte er sich in den Tadel mit «unserem verehrten Herrn» teilen? Es stimmt allerdings, daß «unser verehrter Herr» sich eine Weile auf seine Kosten um die anderen kümmerte, die den Koran noch nicht ganz auswendig konnten. Er ließ unseren Freund beiseite, damit er sich ausruhen könne, auch vernachlässigte er ihn, weil er anläßlich der Beendigung seines Koranlernens keinen Lohn erhalten hatte. Unser kleiner Freund fühlte sich durch diese Nichtbeachtung erleichtert und begann, seine Tage in der Schule in völliger Untätigkeit und fortwährendem Spiele zu verbringen, nur darauf bedacht, daß das Jahr vorüberginge und sein Bruder, der Azharite, aus Kairo käme. Würde dieser dann nach seinem Urlaub wieder nach Kairo zurückkehren, wollte er sich ihm anschließen, um in der Azhar ein echter Scheich zu werden.

Monat um Monat verging. Unser Freund wanderte zur Schule und wanderte wieder nach Hause, doch arbeitete er nicht, er war ja überzeugt, daß er den Koran im Kopf hatte. Und auch «unser verehrter Herr» war bis zu jenem Unglückstage tatsächlich des Glaubens, daß er ihn auswendig konnte. Ach, war das ein schlimmer Tag! Unser kleiner Freund bekam damals zum ersten Male die Bitterkeit beschämender Erniedrigung, die Herabsetzung und den Lebensüberdruß zu kosten!

Am Nachmittag des besagten Tages kehrte er ruhig und zufrieden aus der Schule zurück. Kaum war er jedoch ins Haus getreten, da rief ihn sein Vater bei seinem Titel: „Scheich!"

Er ging hin und fand ihn im Kreise zweier Freunde. Sein Vater empfing ihn lächelnd, lud ihn voll Güte zum Sitzen ein und stellte ihm ein paar alltägliche Fragen. Dann forderte er ihn auf, die Sure der Dichter vorzutragen. Wie ein Blitzstrahl fuhr die Frage auf ihn nieder, er dachte nach, überlegte fieberhaft, gab sich die größte Mühe und schickte Stoßgebete zu Allah, dem Allbarmherzigen, er möge ihm Beistand vor dem bösen Teufel gewähren. Aber von der Sure der Dichter fiel ihm nur ein, daß sie eine jener drei Suren sei, die mit Tâ Sîn Mîm anfangen. So begann er Tâ Sîn Mîm herzusagen, es noch einmal zu sagen und noch einmal zu wiederholen, ohne daß er darüber hinausgekommen wäre. Sein Vater sprach ihm die ersten Worte der Sure leise vor, aber er kam trotzdem nicht weiter. Der Vater sagte: „Dann rezitiere eben die Sure der Ameisen!" Er erinnerte sich aber nur, daß am Anfang dieser Sure, genau wie bei der Sure der Dichter, Tâ Sîn stand, und begann diese Silben immer wieder auszusprechen. Sein Vater flüsterte ihm etwas zu, doch er kam auch hier keinen einzigen Schritt voran. Da befahl sein Vater: „Sag uns die Sure der Geschichte auf!" Das Kind wußte, das war die dritte, und stammelte ein paar Mal Tâ Sîn Mîm... Doch diesmal sagte ihm sein Vater nicht vor, sondern sprach ruhig: „Steh auf! Ich war der Meinung, du hättest den Koran gelernt!" Der Knabe stand voller Verwirrung auf, und der Schweiß brach ihm aus allen Poren. Die beiden Männer suchten ihn mit seiner Verwirrung und seinem jugendlichen Alter zu entschuldigen. Er aber ging hinaus und wußte nicht, ob er sich selbst Vorwürfe machen sollte, daß er den Koran vergessen hatte, oder «unserem verehrten Herrn», weil er ihn vernachlässigt hatte, oder seinem Vater, weil dieser ihn geprüft hatte. Wie dem auch sein mochte, der Abend dieses Tages fiel denkbar trübe aus. Unser Freund erschien nicht am Abendbrottisch, sein Vater fragte auch nicht nach ihm. Seine Mutter wollte zwar, daß er mit ihr äße, doch er weigerte sich. Da ließ sie ihn stehen, und er ging schlafen.

Eigentlich war dieser abscheuliche Abend noch besser gewesen als der folgende Tag.

„Was ist gestern geschehen?" fuhr «unser verehrter Herr» ihn mit rauher Stimme an, als er zur Schule kam. „Wie kam es eigentlich, daß du die Sure der Dichter nicht aufsagen konntest? Hast du sie denn wirklich vergessen? Trage sie vor!"

Der Junge begann wieder Tâ Sîn Mîm... Tâ Sîn Mîm zu stottern, und es passierte mit «unserem verehrten Herrn» dieselbe

Geschichte wie am Tage zuvor mit seinem Vater. «Unser verehrter Herr» tobte.

„Möge Gott mir gute Entschädigung für die Zeit leisten, die ich mit dir vertan habe, und für alle zu deiner Belehrung aufgewandte Mühe! Nun hast du den Koran wieder vergessen und mußt ihn von neuem erlernen. Doch die Schuld kann man weder dir noch mir aufbürden, sie fällt ganz auf deinen Vater. Hätte er an dem Tage, als du das Koranlernen abgeschlossen hattest, mir meinen vollen Lohn gegeben, hätte ihn Allah mit deiner Korankenntnis gesegnet. Aber er hat mir mein Recht verweigert, und Allah hat also den Koran in deinem Herzen ausgelöscht."

Darauf begann er, ihn den Koran wieder von vorn lernen zu lassen, geradeso, wie er mit jenen verfuhr, die noch nicht Scheich waren, die ihn noch nie auswendig gewußt hatten.

Ohne Zweifel lernte er den Koran nun in kürzester Zeit wieder, und zwar sehr gut. Er entsinnt sich noch, daß er eines Tages mit «unserem verehrten Herrn» von der Schule zurückkehrte, denn «unser verehrter Herr» war an jenem Tage wie versessen darauf, ihn auf dem Heimweg zu begleiten. Als sie vor das Haus gekommen waren, ging er zur Türe und klopfte an. Sie wurde geöffnet, und er stieß seinen wohlbekannten Ruf „Yâ Sattâr!" aus. Der Vater des Knaben befand sich wie gewöhnlich im Empfangsraum und war gerade mit dem Nachmittagsgebet fertig. Als sich «unser verehrter Herr» niedergelassen hatte, sprach er zum alten Scheich:

„Du hast behauptet, dein Sohn habe den Koran vergessen. Und deswegen hast du mich heftig getadelt. Ich habe dir geschworen, daß er ihn nicht vergessen hatte, sondern nur verwirrt war, du hast mich aber einen Lügner gescholten und meinen Bart hier verhöhnt. Heute bin ich nun gekommen, damit du deinen Sohn in meiner Gegenwart prüfen mögest. Ich schwöre dir: Sollte es sich zeigen, daß er den Koran nicht kann, will ich meinen Bart abscheren und ein Schandfleck unter den Gelehrten dieser Stadt sein!"

Da antwortete der Scheich: „Mach es dir doch nicht so furchtbar schwer! Weshalb sagst du denn nicht einfach: Er hatte den Koran vergessen, und ich habe ihn ihm wieder beigebracht?"

Jener erwiderte: „Und ich schwöre dir bei Allah, dreimal, er hatte ihn nicht vergessen, und ich habe ihn ihm nicht von neuem beigebracht. Ich habe ihn lediglich den Koran aufsagen lassen, und das ging wie ein sprudelndes Wasser, ohne Zögern und ohne Stocken."

Unser kleiner Freund hörte dieser Auseinandersetzung zu und war dabei überzeugt, sein Vater sei im Recht und «unser verehrter Herr» lüge. Er sagte aber nichts, sondern wartete still, daß man ihn prüfe.

Die Prüfung war außergewöhnlich schwer. Doch war unser kleiner Freund an jenem Tage von geradezu strahlender Klugheit: Auf jede Frage antwortete er ohne Zaudern, er rezitierte so flink und fließend, daß ihn der Scheich sogar ermahnte: „Nur langsam! Beim Koran zu eilen ist Sünde!" Als die Prüfung zu Ende war, sagte sein Vater: „Möge Allah dir helfen! Geh zu deiner Mutter und erzähl ihr, daß du den Koran tatsächlich auswendig kannst." Er ging zu seiner Mutter, doch sagte er ihr kein Wort, und sie fragte ihn auch nicht.

Als «unser verehrter Herr» dieses Mal das Haus verließ, war er im Besitz einer langärmligen Weste aus Wolltuch, mit der ihn der Scheich ausgestattet hatte.

Am folgenden Tag kam «unser verehrter Herr» glückstrahlend zur Schule. Er rief den Jungen mit Scheich an und fügte hinzu:

„Heute verdienst du es wirklich, Scheich genannt zu werden! Du hast gestern mein Haupt erhöht, mein Antlitz erhellt und meinen Bart geehrt. So war dein Vater einfach gezwungen, mir die Weste zu geben. Dein Koranvortrag war wie ein goldener Wasserfall. Und ich stand wie auf glühenden Kohlen vor Furcht, du könntest steckenbleiben oder abschweifen – bis zum Ende des Examens empfahl ich dich unentwegt dem Schutze des ewig Bestehenden, der nie schläft. Heute befreie ich dich vom Rezitieren, aber einen Vertrag will ich mit dir schließen; versprich mir, daß du ihn treu einhältst."

Der Knabe erwiderte verschämt: „Es ist meine Pflicht, deine Wünsche zu erfüllen."

«Unser verehrter Herr» sprach darauf: „So gib mir deine Hand!" Und er ergriff die Hand des Knaben.

Doch da erschrak der Knabe über etwas, was er nie zuvor in seiner Hand gefühlt hatte, etwas Breites, Zitterndes, Haariges, in dem seine Finger einsanken. «Unser verehrter Herr» hatte die Hand des Knaben auf seinen Bart gelegt.

„Dies ist mein Bart", sagte er, „bei dem ich dich nun verpflichte. Ich möchte, daß du ihn nicht der Verachtung preisgibst. Sprich jetzt dreimal: 'Bei Allah, dem Allerhöchsten und bei der Wahrheit des erhabenen Koran, ich werde nicht Verachtung über ihn bringen'."

Der Knabe schwor, wie «unser verehrter Herr» es wollte.

Als er geschworen hatte, fragte «unser verehrter Herr»: „Wieviel Teile hat der Koran?"

Unser Freund antwortete: „Dreißig Teile."

«Unser verehrter Herr» forschte weiter: „Wieviel Tage arbeiten wir in der Schule?"

Das Kind erwiderte: „Fünf Tage."

Nun wollte «unser verehrter Herr» wissen: „Wenn du einmal in jeder Woche den ganzen Koran rezitieren möchtest, wieviel Teile mußt du dann täglich aufsagen?"

Der Knabe überlegte ein wenig und entgegnete: „Sechs!"

Da hob «unser verehrter Herr» an: „So schwöre mir denn, daß du dem Hilfslehrer jeden Werktag sechs Teile des Koran vorträgst und daß die Rezitation stets das erste sein wird, was du tust, sobald du morgens in die Schule kommst. Wenn du damit fertig bist, kannst du nach Belieben spielen und dich vergnügen, nur darfst du die anderen nicht von ihrer Arbeit abhalten."

Der Knabe leistete diesen Eid.

«Unser verehrter Herr» rief darauf den Hilfslehrer und nahm im ein ähnliches Versprechen ab: Er solle dem Knaben täglich sechs Abschnitte des Koran abhören. Er verpflichtete ihn auch bei seiner Ehre, bei der Würde seines Bartes und beim Ansehen der Schule im Dorfe, und der Hilfsschulmeister willigte in diesen Vertrag ein.

So ging dies Schauspiel unter dem ehrfürchtigen Staunen der Schuljungen zu Ende.

Von diesem Tage an löste sich die schülermäßige Bindung zwischen dem Knaben und «unserem verehrten Herrn», und es knüpfte sich eine neue zwischen ihm und dem Hilfslehrer, dem Arîf. Dieser war nicht weniger merkwürdig als «unser verehrter Herr»: ein schmaler, lang aufgeschossener Jüngling, schwarz wie Kohle, Sohn eines Sudanesen und einer Mischblütigen. Er war ein Pechvogel, er hatte es im Leben zu nichts gebracht. Er hatte jede Arbeit versucht und war in keiner vorangekommen. Sein Vater hatte ihn zu verschiedenen Handwerkern geschickt, damit er ein Gewerbe lerne – umsonst. Er hatte versucht, ihn in einer Zuckerfabrik unterzubringen, sei es als Arbeiter, als Aufseher, als Pförtner oder als Laufburschen – ohne Erfolg. Da war seinem Vater die Geschichte schließlich zu bunt geworden, und er begann, ihn zu hassen und zu verachten und seine Brüder vorzuziehen, die alle arbeiteten und Geld verdienten.

Der Arîf war in seiner Kindheit jedoch zur Schule gegangen, hatte Lesen und Schreiben und einige Koransuren gelernt, die er bald wieder vergessen hatte. Als ihn das Leben hart anfaßte und er sich in Not fühlte, war er zu «unserem verehrten Herrn» gekommen und hatte ihm sein Leid geklagt. «Unser verehrter Herr» hatte ihm gesagt: „Komm hierher, werde Hilfsschulmeister! Du mußt dann die Knaben im Lesen und Schreiben unterweisen, du mußt sie beaufsichtigen, am Spielen und Unfug hindern und vertrittst mich, wenn ich nicht da bin. Sie in der Rezitation des Koran zu unterweisen, damit sie ihn sich einprägen, bleibt mir allein vorbehalten! Du hast das Schulhaus morgens, bevor die Sonne aufgeht, zu öffnen und für die Reinigung zu sorgen, ehe die Knaben kommen. Wenn das Nachmittagsgebet verrichtet ist, schließt du die Schule und verwahrst den Schlüssel. Kurzum, du sollst meine rechte Hand sein. Ein Viertel von den Einkünften der Schule steht dir dafür zu, du erhältst es wöchentlich oder monatlich." So war das Abkommen zwischen den beiden Männern getroffen worden, die Fâtiha darüber gesprochen, und der Hilfsschulmeister hatte seinen Dienst aufgenommen.

Doch er hegte heftigen Groll und Verachtung gegen «unseren verehrten Herrn», obwohl er ihm scheinheilig den Hof machte. Und auch «unser verehrter Herr» haßte und verabscheute den Arîf, tat ihm aber auch schön.

Der Hilfslehrer mochte «unseren verehrten Herrn» nicht, weil dieser ein ausgesprochener Betrüger und Schwindler war, der ihm einiges von den Erträgnissen der Schule vorenthielt, und das Beste von den Eßwaren, die die Jungen mitbrachten, allein beanspruchte. Er verabscheute ihn, weil er blind war und sich doch für sehend hielt, weil er eine häßliche Stimme hatte und dennoch glaubte, sie sei schön. «Unser verehrter Herr» haßte den Hilfsschulmeister, weil er äußerst gerissen war und ihm viel verbarg, worüber er ihn eigentlich hätte unterrichten müssen, auch weil er Speisen, die ihnen beiden mittags gebracht und vorgesetzt wurden, beiseite tat und ihm besondere Leckerbissen wegschnappte, schließlich weil er mit den größeren Jungen der Schule unter einer Decke steckte und hinter dem Rücken «unseres verehrten Herrn» Unfug trieb. War das Nachmittagsgebet verrichtet und die Schule geschlossen, hielten sie bei den Maulbeerbäumen, an der Brücke oder bei der Zuckerfabrik ihre Zusammenkünfte ab.

Das Seltsamste war, daß beide Männer völlig recht hatten, jedoch trotz ihres gegenseitigen Hasses und Mißtrauens gezwungen waren, zusammenzuhalten: der eine, weil er zu seinem Lebensunterhalt darauf angewiesen war, der andere, weil er jemanden brauchte, der ihm seine Schulangelegenheiten erledigte.

Der Knabe trat also sein neues Beschäftigungsverhältnis beim Hilfsschulmeister an und begann, den Koran vor ihm aufzusagen: sechs Abschnitte jeden Tag. Aber das dauerte keine drei Tage. Dem Knaben war schon vom ersten Tage an das Vortragen lästig, der Hilfslehrer hatte es vom zweiten Tage an satt. Am dritten offenbarten sie sich ihren Überdruß, und am vierten beschlossen sie, daß der Knabe die Koranabschnitte von nun an zwar in Gegenwart des Arîfs aufsagen sollte, aber still für sich; nur wenn er unsicher würde oder ein Ausdruck ihm entfallen sei, sollte er sich an den Hilfslehrer wenden. So kam der Knabe jeden Tag zur Schule, grüßte den Hilfslehrer, setzte sich vor ihm auf den Boden und begann murmelnd die Lippen zu bewegen, als rezitiere er den Koran. Von Zeit zu Zeit fragte er den Hilfslehrer nach einem Wort, und dieser antwortete ihm dann oder mochte es zu schwer finden, so daß er davon Abstand nahm.

Täglich, kurz vor Mittag, pflegte «unser verehrter Herr» zu erscheinen. Er grüßte und setzte sich. Sein erstes war, den Knaben herbeizurufen und ihn zu fragen: „Hast du rezitiert?"

„Ja!"

„Von wo bis wo?"

Und am Sonnabend antwortete der Knabe: „Von der Sure der Kuh bis 'Wahrlich, du wirst finden'."

Und am Sonntag:

„Von 'Wahrlich, du wirst finden' bis 'Und nicht rechtfertige ich mich selber'."

So teilte er sich den Koran in fünf Teile ein, wie es die

Rechtsgelehrten billigen, und hatte für jeden der fünf Arbeitstage einen besonderen Abschnitt, über dessen Aufsagen er «unserem verehrten Herrn» berichtete, sobald er danach fragte.

Aber der Hilfslehrer begnügte sich nicht mit jener Abmachung, die ihm und dem Knaben gleichermaßen Ruhe verschaffte. Er wollte aus der Lage des Knaben noch Nutzen ziehen und drohte ihm hin und wieder, er würde «unseren verehrten Herrn» in Kenntnis setzen von seiner Entdeckung, daß er einige Suren, so die Sure des Hûd, die Sure der Propheten und die Sure der Verbündeten, nicht mehr vollständig aufsagen könne. Da der Knabe nun den ganzen Koran nur noch bruchstückweise beherrschte, weil er seit Monaten das Rezitieren vernachlässigt hatte, scheute er sich davor, von «unserem verehrten Herrn» geprüft zu werden, und erkaufte sich das Schweigen des Hilfslehrers mit allem möglichen. Wie oft zahlte er ihm mit seinem Vesperbrot! Oder mit Pasteten und Datteln! Wieviel Groschen, die ihm sein Vater dann und wann schenkte, wanderten in die Taschen des Arîfs, und unser Freund hätte sich doch gar zu gern Pfefferminzpastillen davon gekauft! Wie oft erbettelte er sich von seiner Mutter einen Klumpen Zucker, den er, wenn er in die Schule kam, an den Arîf ablieferte. Er hatte manchmal selbst einen solchen Heißhunger danach, wenigstens nach einem kleinen Stückchen, doch der Arîf nahm den Zuckerklumpen und lutschte gierig, und wenn er ganz oder fast ganz geschmolzen war, verschlang er ihn. Wie oft verzichtete der Knabe auf das Essen, das man ihm jeden Mittag von zu Hause brachte, obwohl er selbst großen Hunger hatte, damit es der Hilfsschullehrer an seiner Stelle esse und ja nicht «unserem verehrten Herrn» melde, daß er den Koran nicht mehr richtig aufsagen könne!

Die anhaltenden Gaben sicherten ihm jedoch bald die volle Zuneigung des Arîfs, der ihn sich zum Freund wählte und nun begann, ihn nach dem Mittagessen in die Moschee zu begleiten und das Mittagsgebet gemeinsam mit ihm zu verrichten. Er verließ sich allmählich immer mehr auf ihn und vertraute ihm so sehr, daß er ihn sogar bat, das Koranrezitieren bei verschiedenen Knaben und das Repetieren mit denen, die den Koran erst auswendig lernten, zu übernehmen. Hier ging unser Freund mit seinen Schülern nun genau denselben Weg, den der Arîf mit ihm beschritten hatte. Die Knaben saßen vor ihm, er ließ sie aufsagen, achtete aber gar nicht darauf, sondern vertiefte sich bald in irgendein Gespräch mit seinen Freunden, und erst wenn er seine Unterhaltung beendet hatte, wandte er sich seinen Schülern wieder zu. Bemerkte er dann unter ihnen eine Spielerei, Unaufmerksamkeit oder Verwirrung, gab es eine Verwarnung. Ernster war schon der Tadel, Schläge noch nachdrücklicher, und schließlich kam die Meldung beim Arîf. In Wirklichkeit konnte er selbst den Koran keinesfalls besser auswendig als seine Schüler. Aber der Hilfsschulmeister hatte nun einmal dieses Verfahren bei ihm angewandt, also mußte er doch auch einen rechten Arîf abgeben! Daß der Arîf ihn weder tadelte, noch schlug, noch bei «unserem verehrten Herrn» verpetzte, hatte seinen Grund in jenem teuren Preis, den er gezahlt bekam. Das begriffen auch bald die Jungen, und sie begannen ebenfalls, hohe Zahlungen zu entrichten. So forderte er wieder zurück, was der Arîf von ihm bekommen hatte. Die Bestechungsgaben, die er empfing, waren ganz verschiedener Art. Er war von Hause aus nicht so arm, daß er auf Brot, Datteln und Zucker Wert gelegt hätte. Er konnte auch kein Geld annehmen: Was hätte er damit beginnen sollen, da er es selbst nicht ausgeben konnte? Er hätte sich damit nur bloßgestellt und seine Machenschaften verraten. Daher war er ein schwieriger Gönner, und es kostete schon einige Mühe, ihm Genüge zu tun. Doch in der Kunst, ihn zufriedenzustellen, waren die Knaben recht erfinderisch. Sie kauften Pfefferminzpastillen, Kandiszucker, Melonenkerne und Erdnüsse. Und er schenkte davon eine Menge an den Arîf weiter.

Eine bestimmte Art Bestechung gefiel ihm ganz besonders und verführte ihn dazu, seine Pflichten auf schändlichste Weise zu vernachlässigen. Es handelte sich um Märchen, Geschichten und um Bücher. Konnte ein Knabe ihm eine Geschichte erzählen, ein Buch von den durch die oberägyptischen Dörfer hausierend herumziehenden Buchverkäufern erstehen oder ihm ein Kapitel aus Az-Zîr Sâlim oder Abu Zaid vorlesen, war er jeder Art von Gunst und Bevorzugung seiner Person sicher.

In dieser Hinsicht war seine klügste Schülerin ein blindes Mädchen, das Nafîssa hieß. Ihre Leute schickten sie zur Schule, damit sie den Koran lernte, und das tat sie auch. Als sie ihn bereits sehr gut auswendig konnte, vertraute sie «unser verehrter Herr» der Obhut des Hilfsschulmeisters an, der sie wiederum unserem kleinen Freund übergab. Dieser wandte auch auf sie die Methode des Hilfslehrers mit aller Genauigkeit an. Die Angehörigen des Mädchens waren reich, richtige Neureiche. Der Vater war vom Eselstreiber zum wohlhabenden Kaufmann emporgestiegen und verschwendete nun Unsummen für seine Familie, um ihr alle erdenklichen Arten des Wohllebens zu ermöglichen. Nie ging das Geld in Nafîssas Hand zur Neige. Auf die Auswahl der Bestechungsgeschenke verstand sie sich besser als alle Knaben, sie wußte die meisten Geschichten, war im Erfinden am geschicktesten, beherrschte die meisten fröhlichen Lieder und kannte Klagegesänge, die bis zu Tränen rühren konnten. Singen und Wehklagen verstand sie gleichermaßen vorzüglich. Doch war sie etwas seltsam veranlagt, nämlich sehr leicht erregbar. Sie vertrieb unserem kleinen Freund die meiste Zeit mit ihrer Unterhaltung, mit Trauerliedern, Geschichten und anderen Künsten des Gunsterwerbs.

Während unser Freund Gaben empfing, Gaben verteilte, schwindelte und beschwindelt wurde, erlosch in seinem Herzen der Koran, Vers für Vers, Sure um Sure, bis jener unvermeidliche Tag herankam, ach, war das ein Tag!

Es war ein Mittwoch. Unser Freund hatte den Tag froh und vergnügt verbracht. Er hatte am Morgen «unserem verehrten Herrn» versichert, daß er den Koran fertig rezitiert habe. Danach war er frei, er konnte also den übrigen Tag spielen und seinen geliebten Geschichten und Erzählungen lauschen. Nach der Schule ging er nicht gleich nach Hause, sondern begab sich mit einigen seiner Gefährten zur Moschee, um das Nachmittagsgebet zu verrichten. Er ging gern zur Moschee, vor allem auf das Minarett hoch, wo er mit dem Muezzin am Taslîm teilnahm, jenem Ruf, der auf den vorgeschriebenen Gebetsruf folgt. Auch an diesem Tage stieg er auf das Minarett, beteiligte sich am Gebetsruf und verrichtete seine Andacht. Als er nach Hause zurückkehren wollte, vermißte er seine Sandalen. Er konnte sie nicht mehr finden und hatte sie doch am Minarettaufgang abgestellt! Sie waren eben gestohlen, als er sie nach dem Gebet holen wollte; das betrübte ihn zwar etwas, aber er war an jenem Tage so froher Stimmung und so guter Laune, daß es ihn nicht weiter bedrückte, er rechnete nicht einmal damit, daß die Sache ein Nachspiel haben könnte. Nun ging er barfuß nach Hause. Das schreckte ihn nicht, obgleich es ein schönes Stück Weges von der Moschee bis zum väterlichen Hause war: Es kam ja öfter vor, daß er barfuß umherlief.

Als er heimkehrte, rief ihm der Scheich zu, der sich wie gewöhnlich im Empfangsraum aufhielt:

„Wo sind denn deine Sandalen?"

Er antwortete:

„Ich habe sie in der Schule vergessen!"

Der Scheich maß der Antwort keine Wichtigkeit bei und beachtete den Jungen nicht weiter.

So plauderte er ein wenig mit seiner Mutter und seinen Brüdern und aß wie stets, wenn er aus der Schule kam, ein Stück Brot.

Da rief ihn der Scheich, und er lief eilig hin, um ihm Rede und Antwort zu stehen. Als er Platz genommen hatte, sprach sein Vater zu ihm: „Welches Stück des Koran hast du heute aufgesagt?"

Er antwortete: „Ich habe ihn heute zu Ende rezitiert, die sechs letzten Abschnitte habe ich vorgetragen."

Der Scheich fragte: „Und du kennst den Koran noch gut auswendig?"

Er erwiderte: „Ja!"

Da befahl der Scheich: „Trage einmal die Sure von Saba vor!"

Unser Freund hatte aber die Sure von Saba, ebenso wie noch viele andere Suren, längst vergessen. Und Allah gab ihm auch nicht einen einzigen Buchstaben ein.

Der Scheich verlangte: „Dann rezitiere die Sure des Schöpfers!"

Wieder half Allah überhaupt nicht.

Da sprach der Scheich voll leiser Ironie: „Du hast doch behauptet, den Koran immer noch gut zu kennen? Nun sage doch einmal die Sure Yâ Sîn auf!"

Allah ließ ihn die ersten Verse sprechen, doch bald verhaspelte sich seine Zunge, sein Speichel vertrocknete, ein fürchterlicher Schrecken fuhr ihm durch die Glieder und trieb ihm den kalten Schweiß auf die Stirne.

Der Scheich sagte ruhig: „Steh auf und gib acht, daß du nicht jeden Tag deine Sandalen liegenläßt; mir scheint, du hast sie vergessen, wie du den Koran vergessen hast. Jedenfalls habe ich mit «unserem verehrten Herrn» ein Wörtchen zu reden."

Unser Freund wankte mit gesenktem Kopf und vor Aufregung stolpernd aus dem Zimmer. Er kam an dem Karâr vorüber, dem Raum, in dem allerlei Speisen aufbewahrt werden und wo man auch die Tauben aufzog. Dort stand in einer Ecke der Hackblock, auf dem seine Mutter das Fleisch zu schneiden pflegte, ein dicker, breiter Holzklotz, der wie ein Baumstrunk aussah. Auf ihm lagen gewöhnlich eine Anzahl Messer: lange und kurze, schwere und leichte. Unser kleiner Freund ging in die Speisekammer hinein und auf die Ecke zu, wo der Block stand. Er griff nach dem großen Fleischermesser, dem schärfsten und schwersten von allen, nahm es in die rechte Hand und holte zum Schlag gegen seinen Nacken aus. Er schrie auf, das Messer fiel ihm aus der Hand.

Seine Mutter, die ganz in der Nähe gewesen war, ihn aber nicht beachtet hatte, als er an ihr vorbeiging, eilte sofort herbei. Er stand ganz aufgeregt da, Blut floß ihm vom Halse, und das Messer lag neben ihm! Schnell hatte die Mutter mit einem Blick auf die Wunde festgestellt, daß es nichts Ernsthaftes war, und sie überschüttete ihn mit einer Flut von Scheltworten und Vorwürfen, faßte ihn an der Hand, zerrte ihn in die Küche, stieß ihn in eine Ecke und machte sich wieder an ihre Arbeit. Unser Freund verharrte auf seinem Platz, er rührte sich nicht, sprach kein Wort, weinte nicht, grübelte nicht – es war, als ob er einfach zu Nichts geworden wäre: Seine Brüder und Schwestern tummelten sich spielend um ihn, beachteten ihn jedoch nicht, und auch er nahm von ihnen keine Kenntnis.

Als die Zeit des Abendgebetes herankam, wurde er gerufen,

um seinem Vater Rede zu stehen. Bedrückt ging er hin und stolperte in das Empfangszimmer. Doch noch bevor ihn sein Vater etwas fragen konnte, war ihm «unser verehrter Herr» zuvorgekommen.

„Hast du mir nicht erst heute abend sechs Abschnitte des Koran aufgesagt?"

Er antwortete: „Ja, das habe ich."

„Hast du mir nicht gestern die Sure von Saba vorgetragen?"

„Ja!"

„Was ist dann mit dir los, daß du sie heute nicht mehr kannst?"

Darauf gab der Knabe keine Antwort.

«Unser verehrter Herr» verlangte: „Rezitiere die Sure von Saba!"

Aber Allah gab ihm keinen einzigen Buchstaben davon ein.

Nun befahl sein Vater: „So sprich 'Die Anbetung'!"

Doch auch die kannte er nicht besser.

Hier geriet der alte Scheich in schreckliche Wut – auf «unseren verehrten Herrn», nicht auf den Knaben.

„Da hast du es!" sagte er. „Er geht zur Schule, nicht um zu rezitieren und auswendig zu lernen, nicht um von dir in fürsorgliche Obhut genommen zu werden, sondern um seine Zeit einzig im Spiele zu vertrödeln. Heute ist er sogar barfuß zurückgekehrt und hat behauptet, seine Schuhe in der Schule vergessen zu haben. Mir scheint, du kümmerst dich ebensowenig darum, ob er den Koran lernt, wie du darauf achtest, ob er barfuß oder mit Sandalen an den Füßen umherläuft."

«Unser verehrter Herr» rief: „Ich schwöre dreimal bei Allah, dem Allmächtigen, ich habe ihn nicht einen einzigen Tag vernachlässigt. Hätte ich heute die Schule nicht verlassen, noch bevor die Kinder weggegangen waren, wäre er nicht barfuß nach Hause gekommen. Und jede Woche sagt er doch den

Koran auf! Täglich sechs Teile, die ich ihm jeden Morgen abhöre, sobald ich eintreffe."

Der Scheich unterbrach ihn: „Kein Wort glaube ich dir!"

«Unser verehrter Herr» ereiferte sich: „Tallaqtuki! Mein Weib soll dreifach verstoßen sein, falls ich dich je belogen habe! Ich lüge auch jetzt nicht! Allah weiß, daß ich ihm jede Woche den ganzen Koran abhöre."

Der Scheich sprach: „Und ich glaube es eben nicht!"

Da rief «unser verehrter Herr»: „Ja bildest du dir denn ein, daß das, was du mir jeden Monat zahlst, mir mehr bedeute als mein Weib? Denkst du, ich würde um des Geldes willen, das du mir gibst, das Unerlaubte für erlaubt halten und mit einem Weibe leben, von dem ich mich in deiner Gegenwart feierlich geschieden habe?"

Darauf der Scheich: „Das sind Dinge, die mich nichts angehen. Jedenfalls wird der Knabe hier von morgen an nicht mehr zur Schule gehen." Damit stand er auf und ging hinaus.

«Unser verehrter Herr» erhob sich ebenfalls und entfernte sich ratlos und gekränkt.

Unser Freund blieb an seinem Platze, dachte weder an den Koran noch an das, was vorgefallen war, sondern einzig an die Fertigkeit «unseres verehrten Herrn» im Lügen und an die dreifache Scheidung, die er hingeworfen hatte wie eine Zigarette, die man zu Ende geraucht hat.

An diesem Abend erschien der Knabe nicht zum Essen. Drei Tage lang wich er jeder Begegnung mit seinem Vater aus und mied den Familientisch. Am vierten aber ging sein Vater zu ihm in die Küche, wo er mit Vorliebe neben dem Herd in einer Ecke hockte, und sprach mit ihm freundlich, gütig, ja scherzend, bis der Knabe sich ihm vertrauensvoll zuwandte und sich sein finsteres Gesicht aufhellte. Sein Vater nahm ihn bei der Hand, führte ihn zu seinem Platz am Tische und widmete sich ihm während des Mahles mit besonderer Sorgfalt. Als der Knabe aber mit dem Essen fertig war und aufstand, sagte der Vater in grausamem Scherz einen Satz, den er bis zum heutigen Tage nicht hat vergessen können, weil seine Geschwister darüber in helles Gelächter ausbrachen und sich diesen Satz merkten, um ihren Bruder von Zeit zu Zeit zu necken. Er hatte gesagt: „Na, hast du den Koran gelernt...?"

So blieb der Knabe der Schule fern, und «unser verehrter Herr» kam nicht mehr ins Haus. Der Scheich bat einen anderen Schriftkundigen, täglich sein Haus aufzusuchen, an Stelle «unseres verehrten Herrn» eine Koransure vorzutragen und den Knaben ein bis zwei Stunden rezitieren zu lassen. Hatte sich dann der neue Lehrer entfernt, war der Junge frei, er konnte spielen und sich im Hause vergnügen. Nachmittags besuchten ihn seine Freunde und Kameraden, die aus der Schule kamen, und erzählten ihm, was sich zugetragen hatte. Das machte ihm großen Spaß, er witzelte über sie und ihre Schule, über «unseren verehrten Herrn» und über den Hilfslehrer; war er doch der Meinung, daß es mit seiner Zugehörigkeit zur Schule und zu allen, die mit ihr zu tun hatten, endgültig aus sei. Und da er demzufolge auch glaubte, daß er nie dahin zurückkehren und nie Lehrer und Hilfslehrer wiedersehen würde, ließ er seiner Zunge hemmungslos freien Lauf und zog tüchtig über beide Männer her. Er fing an, Fehler und Schwächen der beiden, die er bisher geheimgehalten hatte, bloßzulegen und sie im Beisein der Knaben zu verfluchen und der Lügenhaftigkeit, der Habgier und des Diebstahls zu beschuldigen. Solche Abscheulichkeiten von ihnen zu erzählen, war ihm wahre Arznei und eine rechte Wonne.

Warum sollte er seiner Zunge nicht freien Lauf lassen, was hinderte ihn, über die beiden Männer herzuziehen, da ihn doch nur noch ein einziger Monat von seiner Reise nach Kairo trennte? In ein paar Tagen würde sein Bruder, der Azharite, aus Kairo zurückkehren, und nach dessen Urlaub würde er sich ihm anschließen, um auch ein Student zu werden und in Kairo weder von Lehrer noch Hilfslehrer je wieder etwas zu hören.

Er war während jener Tage wirklich glücklich. Er fühlte sich seinen Kameraden und Altersgenossen überlegen, weil er nicht wie sie zur Schule ging, sondern der Lehrer zu ihm gelaufen kam. Bald würde er nun nach Kairo fahren, zur Azhar-Moschee, zu Sayyiduna l-Husain, zur Sayyida Zainab und zu anderen Heiligen – für ihn war Kairo ja nichts anderes als der Sitz der Azhar und die Stätte der Wallfahrt zu den frommen Heiligen.

Diesem Glücksgefühl folgte auf dem Fuße ein schlimmes Mißgeschick, da «unser verehrter Herr» weder diese Trennung noch den Sieg des Scheichs Abd el-Gauwâd – des Vaters unseres Freundes – in Geduld hatte zu ertragen vermocht. So hatte er diesen und jenen um Vermittlung beim Scheich gebeten, und es dauerte nicht lange, bis sich der Scheich hatte erweichen lassen und die Rückkehr des Knaben zur Schule „vom kommenden Morgen ab" anordnete. Als sich unser Freund widerstrebend auf den Weg dorthin machte, überlegte er, wie ihn wohl «unser verehrter Herr» aufnehmen würde, wenn er ihm nun zum dritten Male den Koran einpaukte. Aber das war ja noch nicht alles! Die Kinder hatten dem Schulmeister und seinem Gehilfen ausnahmslos zugetragen, was sie von ihrem Freund gehört hatten. Wallâh, die unerträglichen Mittagspausen während der ganzen Woche! Wie viele Vorwürfe «unseres verehrten Herrn» mußte unser Freund über sich ergehen lassen, wie oft hielt ihm der Arîf die Ausdrücke vor, die er seiner Zunge hemmungslos auszusprechen erlaubt hatte in dem Glauben, er würde die beiden Männer niemals wiedersehen!

In diesen Tagen lernte er, was Vorsicht in der Ausdrucksweise ist, und begriff, daß es ganz töricht ist, feierlichen Versprechen und eidlich bekräftigten Übereinkünften der Männer ein gläubiges Vertrauen zu schenken.

Hatte nicht der Scheich geschworen, der Knabe würde nie wieder zur Schule kommen? Und siehe da: Er war schon wieder dorthin zurückgekehrt! Welchen Unterschied gab es zwischen dem zunächst schwörenden und dann eidbrüchigen Scheich und «unserem verehrten Herrn», der sich in Scheidungsdrohungen und Schwüren erging, während er genau wußte, daß er log? Und waren jene Jungen etwa besser, die ihn erst mit ihrem Schimpfen auf Schulmeister und Hilfslehrer ermuntert hatten, über beide herzuziehen, und dann zu beiden eilten, ihnen alles hinterbrachten und sich auf diese Weise in ihre Gunst setzten? Und seine Mutter? Sie lachte über ihn und ermunterte noch «unseren verehrten Herrn», als er kam und ihr alles erzählte, was die Jungen ihm zugetragen hatten. Seine Geschwister schließlich beschimpften ihn und hielten ihm von Zeit zu Zeit die Worte «unseres verehrten Herrn» vor, um ihn in Wut zu bringen.

Er trug alles mit unerschütterlicher Geduld. Es fiel ihm ja leicht, solche Seelenstärke aufzubringen, denn es lag nur noch ein Monat, eigentlich nicht einmal mehr ein ganzer Monat, zwischen diesem Zustand und seiner Erlösung.

Der Monat verging, der Azharite kehrte wieder nach Kairo zurück, doch unser Freund blieb, wo er war, er reiste weder zur Azhar, noch setzte er sich den Turban auf oder bekleidete sich mit einer Weste oder einem Leibrock.

Er war noch immer zu klein, und ihn nach Kairo zu schicken, war nicht einfach. Sein Bruder wollte sich nicht mit ihm belasten. Deshalb erklärte er, der Junge solle noch ein Jahr zu Hause wohnen.

So blieb er, und keiner kümmerte sich darum, ob es ihm recht war oder ihn ärgerte. Trotzdem gab es in seinem Leben einige Änderungen. Sein Bruder hatte gewollt, er solle dieses Jahr mit den Vorbereitungen für die Azhar zubringen, und hatte ihm zwei Bücher zurückgelassen, von denen er das eine völlig, von dem anderen nur verschiedene Seiten auswendig lernen mußte.

Das Buch, das er sich unbedingt ganz einprägen mußte, war die Alfiyya des Ibn Mâlik, das andere eine Anthologie verschiedener Texte.

Vor seiner Abreise hatte ihm der Azhar-Student befohlen, mit der Alfiyya zu beginnen, und wenn er sie gelernt habe und sicher beherrsche, solle er gewisse eigenartige Stücke aus dem anderen Buch durcharbeiten. Davon hieß eins „Der Edelstein", ein anderes „Die nicht durchbohrte Perle", ein drittes „Das Kapitel von der Lampe" und schließlich eins „Reimgedicht der Verben auf L". Diese Titel erregten im Herzen des Knaben ehrfürchtige Bewunderung, denn er verstand ihren Sinn nicht, vermutete aber, daß sie auf Gelehrsamkeit hindeuteten, zumal er wußte, daß sie sein Bruder, der Azharite, auswendig kannte, durch ihr Verständnis ein Gelehrter geworden war und seine bevorzugte Stellung bei den Eltern, den Geschwistern und den Leuten des Dorfes erlangt hatte. Redeten sie nicht alle einen Monat vor seiner Ankunft aus Kairo schon von seinem Eintreffen? Und wenn er dann kam, empfingen sie ihn voller Jubel und waren ängstlich darauf bedacht, ihm jede Gefälligkeit zu erweisen. Sog nicht der Scheich alle seine Worte in sich auf, um sie dann vor den Leuten voll rühmender Bewunderung zu wiederholen? Baten ihn nicht die Menschen im Dorf inständig, ihnen ein Kapitel über die göttliche Einheit oder über Recht vorzutragen? Was mochte das wohl sein, die göttliche Einheit? Oder die Rechtsgelehrsamkeit? Bat ihn dann nicht der Scheich, ja suchte er ihn nicht in eindringlicher Weise dazu zu überreden, den Dorfbewohnern die Freitagspredigt zu halten? Und dabei stellte er verschwenderisch Versprechungen und Belohnungen in Aussicht, von denen es gar nicht sicher war, ob er sie würde erschwingen können!

Nahte jener eindrucksvolle Tag heran, der Geburtstag des Propheten, dann wurde dem Azhariten alle Ehrung, alle Auszeichnung und größte Hochachtung zuteil. Sie kauften ihm Leibrock, Weste, Tarbusch und Pantoffeln, sprachen tagelang vor dem Feste von ihm und von dem bevorstehenden Ereignis. Wenn der verheißungsvolle Tag endlich anbrach und es Mittag wurde, eilte die Familie zu Tische, aber man nahm nur wenig zu sich. Der junge Azharite legte seine neuen Gewänder an, setzte zur Feier des Tages einen grünen Turban auf und schlang sich einen Kaschmirschal um die Schultern. Die Mutter flüsterte Gebete und flehte Gottes Segen herab, der Vater ging in festlicher Erregung ein und aus.

Man sehe nur: der Jüngling, gekleidet und geschmückt, wie er es wünscht. Er tritt heraus, ein Pferd wartet seiner schon vor der Türe, Männer heben ihn in die Höhe und setzen ihn in den Sattel. Nun umringt ihn die Menge von rechts und von links, einige laufen vor ihm her, andere folgen ihm. Flintenschüsse. Überall stimmen die Frauen ihr Freudengetriller an. Die Luft ist voll Weihrauchduft. Die Stimmen erheben sich zum Lobgesang auf den Propheten. Langsam setzt sich der Festzug in Bewegung, und es ist, als ob sich die Erde mit allen Häusern mitbewege.

Und das alles, weil an jenem Tage dieser Azhar-Student zum „Kalifen" gewählt wurde. Deshalb zog er nun mit dieser glanzvollen Prozession durch den Ort und die Dörfer der Umgebung. – Was ist nur an ihm, daß gerade er anstelle anderer junger Leute zum „Kalifen" erkoren wird? Das kommt allein daher, daß er Azharite ist und schon die Wissenschaft studiert, die Alfiyya und die Kapitel vom Edelstein und von der nicht durchbohrten Perle im Gedächtnis behalten hat.

Sollte sich da der Knabe nicht freuen, dasselbe Wissen zu erwerben, das sein Bruder bereits besaß, und aus der Schar seiner Kameraden und Altersgenossen hervorzuragen, weil er die Alfiyya, die Stücke vom Edelstein und von der Perle auswendig lernte?

. Wie glücklich und stolzgeschwellt war er, als er am Sonnabend in der Frühe mit dem Alfiyya-Exemplar in der Hand zur Schule ging! Schon allein dieser Text hob ihn um einige Stufen empor! War es auch nur ein ärmliches und schmutziges Buch mit einem schlechten Einband, so wog es nach seiner Meinung doch fünfzig jener Korantexte auf, die seine Kameraden bei sich trugen. – Ach ja, der Koran! Er hatte ihn von vorn bis hinten auswendig gelernt, hatte aber nie einen Nutzen davon gehabt. Wie viele Jungen kannten ihn auswendig, und niemand beachtete sie. Sie wurden deshalb nicht am Geburtstag des Propheten zum „Kalifen" erwählt. Aber die Alfiyya! Ist dir klar, was die Alfiyya bedeutet? Bedenke nur, daß «unser verehrter Herr» kein einziges Wort davon hersagen, daß der Hilfsschulmeister nicht einmal die ersten Verse lesen kann!

Die Alfiyya war eben ein Gedicht. Der Koran dagegen enthielt keine Poesie!

Ein Vers hatte es ihm besonders angetan:

So sprach Muhammad, er, selbst eines Malik Sohn:
„Ich rühme Gott, den 'Malik' auf dem Weltenthron."

Solches Entzücken wie über diesen Vers hatte er nie bei irgendeiner Sure des Koran verspürt.

Da sollte er sich nicht freuen, wo er doch vom ersten Tage an spürte, daß er nun um mehrere Grade emporgestiegen war. «Unser verehrter Herr» erwies sich als unfähig, ihn beim Einprägen der Alfiyya zu überwachen oder sie ihn aufsagen zu lassen – die ganze Schule war zu eng für diese Alfiyya. So wurde der Knabe verpflichtet, jeden Tag zum geistlichen Gericht zu gehen, um dem Kadi seine Aufgabe aus der Alfiyya vorzutragen. Der Kadi war ein Gelehrter der Azhar, noch bedeutender als der Bruder des Knaben, der Azharite, obwohl sein Vater das nicht zugab, ja nicht einmal eingestehen wollte, daß der Kadi seinem Sohn gleichkam. Jedenfalls stellte jener einen Azhar-Gelehrten und Kadi (mit dumpf glucksendem K gesprochen!) der Scharia (mit stark gerolltem R!) – des religiösen Gesetzes – vor, war am Gericht und gehörte nicht zur Schule! Er saß auf einer erhöhten Bank, auf der Teppiche und Kissen ausgebreitet waren und mit der sich die Bank «unseres verehrten Herrn» überhaupt nicht messen konnte. Keine geflickten Schuhe standen um ihn her. An seiner Tür standen zwei Männer postiert, die als Pförtner ihres Amtes walteten und die im Volke „die Gesandten" hießen, ein prächtiger Name, der nicht ohne Ehrerbietung gesprochen wurde.

Jawohl! Dorthin, ins Gericht mußte der Knabe jeden Morgen gehen, um dem Kadi ein Kapitel aus der Alfiyya vorzutragen! Wie wundervoll konnte der Kadi rezitieren, wie füllte sich

sein Mund mit K und R, und wie bebte seine Stimme bei Ibn
Mâliks Worten:

Im knappen Wort „Steh grad!"
drückt sich der Sinn schon aus;
Partikel, Nomen, Verb
sie führen einander fort,
sind einzeln „Kilma" zwar,
beziehungsloses Wort,
selbst „Kaul", Gesprochenes,
ist sinnleer, es verwirrt:
Erst mit dem Sinnbezug
„Kalâm", Aussage wird.

Der Kadi verstand es, den Knaben stark zu beeindrucken
und ihn mit Demut beim Vortrag der folgenden Verse zu erfüllen:

Ein rückhaltloses Ja sei ihr gewährt,
Läßt sie doch Ibn Mu'tî weit unter sich!
Gemach, Entdeckertat wird hoch geehrt;
Und also rühme Ibn Mu'tî auch ich.
Oh, möge Allah seinen Lohn uns zwein
Im Jenseits, ihm wie mir, reichlich verleihn.

Fast brach des Kadis Stimme vor Schluchzen, als er diese
Verse deklamierte. Darauf fragte er den Knaben: „Wer sich
demütigt vor Allah, den wird er erhöhen – verstehst du diese
Verse?"
Er verneinte.
Da sprach der Kadi: „Als der Verfasser, Gott hab ihn selig,
mit der Dichtung seiner Grammatik begann, überkam ihn der
Hochmut, und in seiner Verblendung behauptete er: 'Meine

Grammatik übertrifft die des Ibn Muʿtî.' Aber nachts träumte ihm, daß Ibn Muʿtî an ihn herangetreten sei und ihn heftig ausgescholten habe. Als er aus dem Schlafe erwachte, war er von seinem Übermut geheilt. Und er berichtigte sich: 'Ja, jenem, der voranschritt, gebührt der Vorzug.'"

Der alte Scheich war glücklich und hochgestimmt, als ihm der Knabe an jenem Nachmittag zu Hause erzählte, was er vom Kadi gehört hatte, und ihm darauf die ersten Verse der Alfiyya vortrug. Er unterbrach diese Verse immer wieder mit „Allah! Allah!", so wie die Leute eben ihren Beifall kundtun.

Aber jedes Ding hat seine Grenzen. Der Knabe schritt im Auswendiglernen der Alfiyya munter voran, bis er zum Kapitel über das Subjekt kam; da erlahmte sein Eifer.

Sein Vater fragte ihn jeden Nachmittag: „Bist du im Gericht gewesen?"

Und er antwortete: „Ja!"
„Wieviel Verse hast du gelernt?"
„Zwanzig."
„Sag sie mir auf!"
Und dann sagte er auf, was er beim Kadi gelernt hatte.

Vom Kapitel über das Subjekt an wurde ihm diese Pflicht jedoch reichlich sauer. Immer verdrossener und langsamer ging er zum Gericht. So schaffte er es noch bis zum absoluten Akkusativobjekt, und dann tat er keinen einzigen, auch nicht noch so kleinen Schritt mehr vorwärts. Zwar ging er immer noch jeden Tag zum Gericht und trug dem Kadi einen Abschnitt vor, kehrte er aber zur Schule zurück, warf er die Alfiyya in eine Ecke und machte sich ans Spiel, ging seinem Vergnügen nach und hörte sich Geschichten und Erzählungen an.

Es kam der Nachmittag, und sein Vater fragte: „Bist du im Gericht gewesen?"

Er antwortete: „Ja."

„Wieviel Verse hast du gelernt?"
„Zwanzig."
„Von welchem Kapitel?"
„Vom Kapitel der Genitivverbindung" oder „Vom Kapitel des Adjektivs" oder „Vom Kapitel des gebrochenen Plurals", war dann die Antwort.

Und wenn sein Vater verlangte: „Trag mir vor, was du gelernt hast!", so sagte er ihm zwanzig Verse von den ersten zweihundert auf, sei es vom flektierbaren und unflektierbaren Nomen, sei es vom determinierten und indeterminierten Nomen oder vom Subjekt und Prädikat. Der Scheich verstand ja sowieso nichts von alldem und kam gar nicht auf den Gedanken, daß ihn sein Sohn beschwindeln könnte. Er begnügte sich damit, die in Verse gesetzte Rede anzuhören, und vertraute im übrigen auf den Kadi. Sonderbar war nur, daß er nie darauf verfiel, die Alfiyya aufzuschlagen und den Knaben bei seinem Vortrag zu kontrollieren. Wäre das geschehen, hätte der Knabe dieselbe Geschichte erlebt wie einst mit der Sure der Dichter und der Sure von Saba und der Sure des Schöpfers.

Aber einmal schwebte er tatsächlich in dieser Gefahr, und hätte seine Mutter nicht Fürsprache für ihn eingelegt, wäre es zwischen ihm und seinem Vater zu einem denkwürdigen Auftritt gekommen. Einer seiner Brüder besuchte nämlich die städtische Schule, und als dieser einst aus Kairo in die Sommerferien nach Hause kam, traf es sich, daß er mehrere Tage hintereinander der täglichen Prüfung beiwohnte. Er hörte, wie der Scheich den Knaben fragte: „Welches Kapitel hast du gelernt?", und wie der Knabe zum Beispiel antwortete: „Das Kapitel der Konjunktion." Darauf verlangte der Scheich, daß er seine Aufgabe rezitiere, und er wiederholte das Kapitel des Eigennamens oder des Verbindungssatzes oder des Konjunktivnomens. Am ersten Tage schwieg der Jüngling, auch am zweiten sagte er nichts, doch als das so fortging, wartete er einmal, bis der Scheich das Haus verlassen hatte. Dann sprach er im Beisein seiner Mutter zu dem Knaben: „Du belügst und betrügst ja deinen Vater! Du spielst wohl in der Schule und lernst überhaupt nicht die Alfiyya?"

Der Knabe fuhr auf.

„Du Lügner! Was geht dich das an? Die Alfiyya ist für die Azhariten und nichts für Schüler! Frag den Kadi, er wird's dir schon klarmachen, daß ich jeden Tag ins Gericht komme!"

Der Jüngling fragte: „Welches Kapitel hast du heute gelernt?"

Der Knabe gab dies und jenes zurück.

Doch der Jüngling entgegnete, daß er seinem Vater gar nicht dieses Kapitel aufgesagt, sondern aus dem und dem Kapitel rezitiert habe. „Gib den Text der Alfiyya her, ich werde dich prüfen!"

Da sah sich der Knabe überführt und schlug schweigend die Augen nieder.

Der Jüngling wollte dem Scheich die ganze Geschichte melden, aber die Mutter verwandte sich für ihn. Und da jener seine Mutter sehr liebte und wohl auch Mitleid mit seinem Bruder hatte, schwieg er.

Der Scheich blieb also ahnungslos. Doch als der Azharite einmal wieder nach Hause kam und den Knaben prüfte, erkannte er sofort die Sachlage. Er geriet aber nicht in Zorn, drohte ihm auch nicht und verklagte ihn nicht beim Scheich, sondern befahl ihm nur, nicht mehr in die Schule oder zum Gericht zu gehen. In zehn Tagen brachte er ihm selbst die ganze Alfiyya bei.

In den Städten und Dörfern der einzelnen Landstriche erfreut sich das Wissen eines viel größeren Ansehens als in der Hauptstadt mit ihren verschiedenen Pflegestätten der Wissenschaft. Das ist durchaus nicht verwunderlich oder befremdlich, es entspricht dem Gesetz von Angebot und Nachfrage, das für die Wissenschaft ebenso gilt wie für alles andere, das gekauft oder verkauft wird. In Kairo nimmt keiner oder kaum einer Kenntnis davon, wenn die Gelehrten kommen und gehen. Mit Ausnahme ihrer Schüler achtet niemand auf das, was sie sprechen, mögen sie noch so viele Reden halten und noch so mühelos die einzelnen Wissenszweige beherrschen. Dagegen sieht man die Schriftkundigen auf dem Lande und die Scheichs in den Dörfern und Städten der Provinz voller Würde einhergehen und die Verehrung des Volkes genießen. Wenn sie sprechen, lauschen ihnen die Menschen mit einer Ehrerbietung, die in Erstaunen versetzt. Auch unser Freund stand unter dem Einfluß dieser provinziellen Denkungsart. Er verehrte, genau wie die übrigen Landbewohner, die Gelehrten und wollte fast glauben, daß sie nicht aus demselben Lehm gemacht seien wie die gewöhnlichen Sterblichen, sondern aus einer reinen und vorzüglichen Materie. Hörte er ihnen zu, dann überwältigte ihn eine staunende Bewunderung, wie er sie später in Kairo vor den Spitzen der gelehrten Welt und zwischen den Würdigsten der Scheichs umsonst suchte.

Es gab im Ort drei oder vier Gelehrte, die sich in die Liebe und Achtung der Bevölkerung teilten. Einer arbeitete als Schreiber am geistlichen Gericht, es war ein kleiner Dicker mit rauher, dröhnender Stimme. Er nahm den Mund recht voll, und seine Worte kamen so grob und unförmig dahergepoltert wie ihr Herr. Die einzelnen Silben machten denselben wuchtigen Eindruck wie der Sinn seiner Worte. Dieser Scheich war einer von jenen, die an der Azhar nicht vorangekommen waren. Er hatte in ihr ziellos eine Reihe Jahre verbracht, hatte aber weder die Gelehrten- noch Richterwürde erlangt. So begnügte er sich schließlich mit dem Posten eines Sekretärs beim Gericht, während sein Bruder ein geachteter Kadi geworden war, der die Gerichtsbarkeit eines Bezirks unter sich hatte.

Der Scheich konnte keiner Sitzung beiwohnen, ohne sich seines Bruders zu rühmen und den Kadi, bei dem er arbeitete, herabzuwürdigen.

Er war Hanafit, doch im Ort gab es wenige oder überhaupt keine Anhänger des Abû Hanîfa. Das war sein Ärger, und das reizte ihn zur Feindseligkeit gegen die anderen Gelehrten, die Anhänger des schafiitischen oder des malikitischen Ritus waren und die unter den Einwohnern Widerhall mit ihrer Lehre und Klienten für ihre Fatwas fanden. Darum ließ er keine Gelegenheit ungenutzt, Abû Hanîfas Rechtsprechung herauszustellen und den Malikiten und Schafiiten Abbruch zu tun. Landbewohner sind aber schlau, es blieb ihnen daher nicht verborgen, daß die Reden und Taten dieses Scheichs ihren Ursprung in Gehässigkeit und Ärger hatten, und sie bemitleideten ihn oder verlachten ihn.

Äußerst heftig war jedoch die Gegnerschaft zwischen diesem Scheich und dem Azhar-Studenten. Jener war Jahr für Jahr zum „Kalifen" gewählt worden, es mußte ihn also erbosen, daß man in diesem Jahr die Ehre einem Jüngling zuteil werden ließ. Als er die Leute nun gar noch davon sprechen hörte, daß der junge Mann auch die Freitagspredigt halten solle, enthielt er sich zwar vorerst jeglicher Bemerkung. Doch als der Freitag gekommen und die Moschee mit Menschen angefüllt war, als der Jüngling nahte und die Kanzel besteigen wollte, stand der Scheich auf, begab sich zum Imâm und sagte mit einer Stimme, die allen vernehmbar war:

„Dieser Mensch ist noch zu jung. Es kommt ihm nicht zu, die Kanzel zu besteigen, zu predigen und vorzubeten, solange sich unter den Gläubigen Scheichs und betagte Männer befinden. Wenn du ihm den Weg zur Kanzel und zum Gebet freigibst, gehe ich weg." Dann wandte er sich an die Versammelten und rief: „Wer von euch darauf bedacht ist, daß sein Gebet nicht ungültig werde, der folge mir!"

Als die Menschen das hörten, wurden sie unruhig. Beinahe wäre ein Tumult ausgebrochen. Doch da erhob sich im rechten Augenblick der Imâm, predigte und betete selbst. So wurde dem Jüngling für dieses Jahr der Weg zur Kanzel versperrt.

Dabei hatte er große Mühe aufgewandt, um die Ansprache auswendig zu lernen! Tagelang hatte er sich auf dieses Ereignis vorbereitet und seinem Vater die Rede mehrmals aufgesagt. Und mit welch freudiger Spannung hatte der Vater die Stunde erwartet! Damit den Jüngling der böse Blick nicht treffen könne, hatte die Mutter an jenem Tage, als er gerade zur Moschee gegangen war, ein paar glühende Kohlen geholt, sie in ein Gefäß gelegt, Weihrauch darüber gestreut und war damit im Haus umhergewandert, von Zimmer zu Zimmer, und in jedem Raum war sie einige Augenblicke stehengeblieben und hatte bestimmte Worte geflüstert. Sie tat das, bis ihr Sohn zurückkehrte und sie ihm hinter der Tür, räuchernd und Beschwörungen murmelnd, gegenüberstand. Der Scheich aber fluchte wütend des Mannes, dessen Herz vor Neid so zerfressen war, daß er seinen Sohn gehindert hatte, die Kanzel zu besteigen und vorzubeten.

Es gab im Ort noch einen schafiitischen Gelehrten, den Imâm der Moschee, den Prediger und Vorbeter. Seine Gottesfurcht und Frömmigkeit waren bekannt. Die Menschen priesen und verehrten ihn, wie es gewöhnlich nur Heiligen zukommt. Sie baten ihn um seinen Segen und flehten ihn an, ihre Krankheiten zu heilen und sich ihrer Sorgen anzunehmen, gerade als ob er mit Wunderkräften versehen gewesen wäre. Lange Jahre nach seinem Tode erzählten sie sich immer noch Gutes von ihm und berichteten voll Überzeugung, daß er bei seiner Grablegung mit lauter Stimme gesagt habe – und alle Teilnehmer am Trauerzug, die diese Nachricht verbreiteten, wollten es selbst gehört haben –: „O Gott, lasse das Grab zu einer gesegneten Stätte werden!" Und sie sagten auch, daß sie im Traum gesehen hätten, welch herrliche Belohnung dieser Mann von Allah bekommen und welch Wohlleben er im Paradies gefunden.

Der dritte Scheich im Ort war Malikit, hatte sich aber nicht der Wissenschaft verschrieben – er betrieb sie nicht zu seinem Lebensunterhalt –, sondern arbeitete auf dem Felde und trieb Handel. Er betete regelmäßig die fünf Pflichtgebete und ging auch zur Moschee. Ab und zu setzte er sich auch zu den Leuten, trug ihnen die kanonische Überlieferung vom Propheten vor und unterwies sie in der Religion, in aller Bescheidenheit und ohne sich damit hervortun zu wollen. Die wenigsten beachteten ihn.

Das waren die eigentlichen Gelehrten. Aber noch andere „Schriftkundige" lebten hier und da im Ort, in den Dörfern und umliegenden Gebieten. Sie übten keinen geringeren Einfluß auf die Menge und nicht weniger Macht über ihre Gemüter aus als die offiziellen Gelehrten. Unter ihnen befand sich ein gewisser Pilger, ein Schneider, dessen Laden der Schule fast genau gegenüberlag, dessen Geiz und Habgier in aller Munde war. Er stand mit einem der größten Sufi-Scheichs in

Verbindung. Er verachtete die Gelehrten allesamt, weil sie ihr Wissen aus Büchern nähmen und nicht von den Scheichs empfingen, denn er war der Meinung, die einzig wahre Wissenschaft sei die göttliche Eingebung, die sich von Gott herab unmittelbar ins Herz senke, ohne daß es eines Buches bedürfe – ja ohne daß man zu lesen und zu schreiben verstünde.

Zu diesen Leuten zählte auch ein Scheich, der ursprünglich Eselstreiber gewesen war und seinen Kunden Waren und Güter von Ort zu Ort gebracht hatte. Dieser war dann Kaufmann geworden und bediente sich seines Esels nur noch zum Transport eigener Waren. Es hieß allgemein, daß er die Güter der Waisen auffräße und daß er auf Kosten der Schwachen reich geworden sei. Er pflegte unermüdlich folgenden Koranvers zu zitieren und auszulegen: „Wahrlich, jene, die das Gut der Waisen ungerechterweise aufzehren – sie schlingen nur Feuer in ihre Bäuche und werden im Höllenfeuer brennen." Er verabscheute es, in der Hauptmoschee zu beten, denn er haßte den Imâm und die Gelehrten, die zu ihm hielten, und zog es deshalb vor, in einer unbedeutenden und unansehnlichen kleinen Moschee seine Andacht zu verrichten.

Endlich gehörte zu dieser Art noch ein Scheich, der weder lesen noch schreiben konnte und nicht einmal die Fâtiha richtig aufzusagen wußte. Er war ein Anhänger des Derwischordens der Schâdhiliyya, versammelte die Leute zu Veranstaltungen und gab über religiöse und weltliche Angelegenheiten Fatwas ab.

Es waren auch noch Schriftkundige da, die den Koran vortrugen und die Leute lehrten, ihn zu rezitieren. Sie pflegten Abstand von den anderen Gelehrten zu wahren und nannten sich „Träger des Buches Gottes". Sie waren zumeist blind und hielten es mit der großen Masse des Volkes, besonders mit den Frauen; sie kamen in die Häuser und trugen den Koran vor. Dann unterhielten sich die Frauen mit ihnen und baten sie um

Rat in den Dingen des Fastens, des Gebetes und was sonst noch zu ihren Obliegenheiten gehörte. Die Gelehrsamkeit dieser Schriftkundigen unterschied sich aber grundsätzlich von der Wissenschaft der eigentlichen Gelehrten, die ihr Wissen aus Büchern schöpften und mit der Azhar in mehr oder minder fester Verbindung standen; auch war sie verschieden von der Gelehrsamkeit der Sufis oder der „Leute von der göttlichen Eingebung". Sie nahmen ihre Weisheit unmittelbar aus dem Koran, den sie verstanden, wie sie es gerade vermochten, freilich nie, wie er wirklich ist oder wie er begriffen werden muß. Sie legten ihn so aus, wie es «unser verehrter Herr» tat, der immerhin noch einer der intelligentesten Schriftgelehrten war, der Tüchtigste an Wissen und der Fähigste, was die Auslegung betraf. Ihn hatte einmal der Knabe gefragt:

„Was bedeutet das Gotteswort 'Wir haben euch stufenweise erschaffen.'?"

Da hatte er mit ruhiger Zuversicht geantwortet: „Wir haben euch wie die Ochsen erschaffen, damit ihr nichts verstehen könnt."

Oder sie verstanden ihn wie der Großvater des Knaben, der den Koran immerhin besser als die meisten Leute auswendig kannte und in seinem Verständnis und seiner Auslegung die meisten übertraf. Eines Tages hatte sein Enkel von ihm folgenden Koranvers erklärt haben wollen:

„Unter den Menschen gibt es einen, der Allah am Rande – harf – verehrt; wenn ihm etwas Gutes zuteil wird, so bleibt er ruhig dabei. Trifft ihn aber ein Übel, so wendet er sich kopfüber – 'alâ wadschhihi – zurück und verliert die diesseitige und die jenseitige Welt."

Und jener hatte erläutert:

„Harf – das ist der Rand einer Holz- oder Steinbank. Widerfährt jemandem etwas Gutes, so sitzt er ruhig und fest auf seinem Platz. Wenn ihm aber etwas Schlechtes widerfährt, fällt er vornüber aufs Gesicht – 'alâ wadschhihi."

Unser Freund verkehrte unter all diesen Gelehrten und übernahm von allen etwas, so daß sich in seinem Hirn eine große, kunterbunte und vor Widersprüchen brodelnde Menge Wissen ansammelte. Es ist stark zu vermuten, daß dies alles einen nicht geringen Teil an der Formung seines Geistes hatte, der von erregenden Gegensätzen und Widersprüchen keineswegs frei war.

Was waren die Sufi-Scheichs eigentlich für Leute? Ihre Zahl war groß, und sie waren über das ganze Land verstreut. Es verging kaum eine Woche, in der nicht einer von ihnen im Ort aufgetaucht wäre. Sie hatten Anschauungen verschiedenster Art, sie teilten die Menschen in Sekten auf und überspitzten ihre besonderen Neigungen außerordentlich. In jener Provinz bestand ein harter Wettstreit zwischen zwei Mystikersippen, von denen die eine den oberen Teil beherrschte – es waren die „Oberen" – und die anderen den unteren. Da nun die Einwohner herumzuwandern pflegten und nichts dabei fanden, innerhalb eines Bezirks von Ort zu Ort oder von Dorf zu Dorf zu wechseln, traf es sich manchmal, daß sich Anhänger der einen Sippe dort niederließen, wo Mitglieder der anderen bereits herrschten. Auch die Oberhäupter der beiden Gruppen zogen in der Provinz umher und suchten Anhänger und Jünger auf. Wallâh!, was gab es dann für Streitereien an den Tagen, da der Herr des oberen Teils in den unteren hinabstieg oder der Herr des unteren sich in den oberen begab!

Der Vater des Knaben gehörte zu den Anhängern des Herrn der „Oberen". Wie schon sein Vater vor ihm, hatte er jenem das Gelübde geleistet. Auch die Mutter des Knaben war eine Jüngerin des Herrn der Oberen. Ihr Vater war sogar einer seiner engsten Freunde und Vertrauten gewesen. Als der Herr der Oberen starb, war ihm sein Sohn im Range gefolgt, der den

Beinamen „der Pilger" trug. Er war unternehmender als sein Vater, viel durchtriebener in List und Habgier und schneller bei der Hand, wenn es einen Streit vom Zaune zu brechen gab. Den Dingen dieser Welt stand er näher, der Religion jedoch ferner als jener.

Der Vater des Knaben war in den unteren Teil der Provinz übergesiedelt, wo er sich fest niedergelassen hatte. Der Herr der Oberen besuchte ihn regelmäßig einmal im Jahr. Wenn er erschien, kam er jedoch nicht allein, auch nicht mit wenig Leuten, sondern mit einem mächtigen Gefolge, das nicht weit von einem vollen Hundert entfernt sein mochte. Er fuhr weder mit der Bahn noch mit den Nilschiffen, sondern reiste, umgeben von seinen Gefährten, mit Rossen, Maultieren und Eseln. Sie zogen mit gewaltigem Pomp durch die Dörfer und ländlichen Gebiete, lagerten, bestiegen dann wieder ihre Tiere, traten als Sieger auf, wo sie allein herrschten, und verbündeten sich, wo ihre Gegner die Gewalt ausübten.

Wenn sie die Familie des Knaben besuchten, nahten sie stets in solchem Aufzug. Waren sie abgesessen, so war die Straße gänzlich mit ihnen, ihren Rossen, Maultieren und Eseln angefüllt, vom Kanal bis zum südlichen Ende des Weges. Lämmer wurden geschlachtet, große Platten voller Speisen vor dem Hause angerichtet. Mit welch unvergleichlicher Gier fielen sie über ihr Mahl her! Dann saß der Herr im Empfangszimmer, im Kreise seiner auserwählten Freunde und Günstlinge, und vor ihm der Hausherr samt Angehörigen, seiner Befehle gewärtig. War das Mahl beendet, gingen sie hinaus, er aber schlief, wo er sich befand. Etwas später erhob er sich und vollzog die Waschung. Man sollte nur einmal die Menschen gesehen haben; sie drängen sich heran und streiten, wer ihn mit Wasser begießen darf! Ist er dann fertig, seht, wie sie sich stoßen, wie sie sich raufen, um einen Schluck vom Waschwasser des Herrn zu erhaschen! Der Scheich, ganz mit sich beschäftigt, hat sich völlig von ihnen abgekehrt und betet; er betet ein langes Gebet, dann spricht er noch einige Anrufungen, und diese dauern auch wieder eine längere Zeit. Hat er alles hinter sich gebracht, setzt er sich unter die Leute, die von allen Seiten herbeiströmen: Manche küssen ihm die Hand und gehen demütig fort, andere sprechen einen Augenblick oder eine kurze Weile zu ihm, wieder andere fragen ihn nach irgend etwas, und der Herr antwortet diesem und jenem mit fremdartigen, tiefsinnigen Worten, die man auf alle mögliche Weise verstehen und auslegen kann.

Einmal wurde ihm auch der Knabe vorgeführt. Er strich ihm über den Kopf und zitierte das Koranwort: „Er lehrte dich, was du noch nicht wußtest, und Gottes Huld war groß auf dir." Seit jenem Tage war der Vater des Knaben überzeugt, daß es mit seinem Sohn einmal etwas Besonderes auf sich haben werde.

War das Abendgebet gesprochen, wurden wieder die Tische gedeckt, und man speiste. Dann verrichtete man das Nachtgebet, und danach wurde „die Versammlung abgehalten".

Das Abhalten der Versammlung ist ein besonderer Ausdruck für die Zusammenkunft der Menschen in einem Dhikr-Kreis. Zuerst sitzen sie schweigend da und versenken sich in Gedanken an Allah. Auf einmal bewegen sie ruckartig den Kopf, erheben ihre Stimme ein wenig, etwas später schwingen sie den Oberkörper, und ihre Stimme wird noch vernehmbarer. Dann fährt ein Zittern durch ihre Leiber, und siehe! sie stehen alle aufrecht da; sie sind in die Höhe geschnellt, als hätte sie eine Sprungfeder bewegt. Durch ihre Mitte gehen die Scheichs und rezitieren die Verse von Ibn al-Farîd oder etwas Ähnliches.

Der genannte Herr hatte von den bekannten Dichtungen eine besonders gern, in der die nächtliche Reise des Propheten und seine Himmelfahrt geschildert werden und die mit den Versen beginnt:

Von Mekka, von dem hochgelobten Haus
Zog gen Jerusalem nachts Ahmad aus.

Die Scheichs sangen das immer und immer wieder, und die Dhikr-Tänzer bewegten ihre Körper im Rhythmus dazu, sich neigend, sich aufrichtend, als ließen diese Scheichs sie tanzen.

Was dem Knaben auch immer entfallen mag, nie wird er diese Nacht vergessen, in der ein Vorsänger einen Fehler beging und eine falsche Wendung in die Kasside einflocht. Der Herr wäre vor Zorn am liebsten in die Luft gesprungen, er brüllte, schäumte und schrie aus Leibeskräften: „Ihr Hundesöhne! Gott verfluche eure Väter und die Väter eurer Väter und die Väter eurer Großväter bis hin zu Adam! Wollt ihr Vernichtung über das Haus dieses Mannes bringen?" Und was der Knabe auch immer vergessen möge, ihm wird stets der Eindruck dieses Wutausbruchs auf die Dhikr-Teilnehmer und auf die übrigen Menschen gegenwärtig sein. Die Leute schienen wirklich fest davon überzeugt, daß der Fehler in dieser Kasside ein Anlaß zu unbeschreiblichem Unglück sein müßte. Auch der Vater des Knaben zeigte sich beeindruckt und entsetzt, wurde dann aber ruhig und wieder zuversichtlich.

Als am nächsten Morgen der Herr abgereist war und die ganze Familie sich über seinen Besuch und über den Zwischenfall mit den Dhikr-Teilnehmern und den Vorsängern unterhielt, lachte der Hausherr dermaßen, daß für den Knaben kein Zweifel mehr daran bestand, daß der Glaube seines Vaters an diesen Herrn nicht frei von Argwohn und Verachtung war. O ja, Argwohn und Verachtung, denn die Habsucht und Gier des Herrn waren zu offensichtlich, als daß sich selbst ein nachsichtiger und verständnisvoller Mensch darüber hätte hinwegtäuschen können.

Die Mutter des Knaben gehörte zu denen, die den Herrn am meisten haßten und verabscheuten. Sie fand seine Besuche widerwärtig und seinen Aufenthalt lästig. Nie besorgte sie die mannigfaltigen Vorkehrungen in anderer Stimmung als voller Mißgunst und Ingrimm und konnte ihre Zunge nur mit großer Mühe bändigen, denn der Besuch des Herrn bedeutete immerhin eine Belastung für die Familie, die zwar in gesicherten Verhältnissen lebte, aber trotzdem „arm" genannt werden mußte. Der Besuch des Herrn verschlang stets eine Menge Getreide, Fett und Honig und was sonst noch so alles dazu gehörte. Der Gastgeber mußte regelmäßig eine Anleihe aufnehmen, um die erforderlichen Hammel und Ziegen zu kaufen, denn wenn der Herr bei der Familie einkehrte, blieb er bis zum nächsten Tag. Er nahm auch stets etwas mit, was seinen besonderen Gefallen erregt hatte: diesmal einen Teppich, ein anderes Mal einen Kaschmirschal und so weiter.

Dabei stellte der Besuch des Herrn und seiner Freunde eine Gelegenheit dar, die die Familie sehnlichst herbeiwünschte: Sie ermöglichte es ihr, den Kopf hoch zu tragen, zu prahlen und sich über ihresgleichen erhaben zu fühlen. Und dennoch haßten sie ihn gewaltig, weil er solche Aufwendungen an Geld und Mühe erforderte. Es war ein unvermeidliches, der allgemeinen Sitte verpflichtetes Übel, das allerdings einer gewissen Leidenschaft der Menschen entgegenkam. Die Bande, die die Familie mit dieser Sufi-Sekte verknüpften, waren sehr eng und hatten unauslöschliche Spuren hinterlassen. Wie viele Geschichten, Erzählungen, wundersame Überlieferungen und Berichte von überirdischen Begebenheiten waren nicht im Umlauf! Mutter und Vater fanden einen großen Gefallen daran, diese Berichte an ihre Kinder weiterzugeben. Die Mutter des Knaben ließ keine Gelegenheit verstreichen, ohne folgende Geschichte zu erzählen:

„Mein Vater pilgerte mit meiner Großmutter einst im Gefolge des Scheichs Châlid nach Mekka. Der Scheich hatte bereits dreimal die Pilgerfahrt gemacht, jedesmal in Begleitung meines Vaters. Dieses Mal nahm er nun auch meine Großmutter mit. Als sie die Pilgerfahrt beendet hatten und auf dem Weg nach Medîna waren, fiel die alte Frau vom Kamel und verletzte sich das Rückgrat so sehr, daß sie weder gehen noch sich bewegen konnte. Da übernahm es ihr Sohn, sie zu tragen; doch machte es ihm außerordentliche Mühe, sie von Ort zu Ort zu schleppen. So klagte er eines Tages darüber im Beisein des Scheichs. Da sprach der Scheich: 'Hast du nicht gesagt, daß sie ein Nachkomme des Propheten aus dem Geschlecht des Hassan Ibn 'Ali sei?'

Jener antwortete: 'Sicher!'

Da entgegnete der Scheich: 'Dann ist sie ja auf dem Weg zu ihrem Ahnherrn! Wenn du sie in die Moschee des Propheten gebracht hast, stelle sie in eine Ecke und laß sie mit ihrem Urahn allein, soll er mit ihr machen, was er will!'

Der Mann tat, wie ihm geheißen war. Er setzte seine Mutter in eine Ecke der Moschee und sagte ihr in seiner trockenen Fellachensprache, die bei all ihrer Rauheit voll Liebe und Mitgefühl ist: 'Da bist du nun bei deinen Ahnen. Das ist alles, was ich tun kann.' Damit verließ er sie und folgte seinem Scheich, da er das Grab des Propheten umschreiten wollte.

Nun erzählte der Mann weiter: 'Wallâh!, kaum hatte ich ein paar Schritte getan, da hörte ich, wie mich meine Mutter rief. Ich drehte mich um und sah sie aufstehen und gehen! Ich wollte nicht zurückkehren, und da lief sie mir doch wirklich nach, überholte mich sogar, rannte vor mir zum Scheich und machte gemeinsam mit den anderen die Wallfahrtsrunde um das Grab!'"

Der Vater des Knaben erzählte, wo immer sich eine Gelegenheit bot, folgende Begebenheit von jenem Scheich:

„Einst wurde in seinem Beisein behauptet, al-Ghazâlî erwähne in einem seiner Bücher, daß man den Propheten nicht im Traume sehen könne. Da erzürnte sich der Scheich und sprach:'Wallâh!, das habe ich nicht von dir gedacht, o Ghazâlî! Ich habe ihn doch mit eigenen Augen auf seiner Maultierstute reiten sehen!' Noch ein anderes Mal war davon die Rede. Und da sagte er: 'Wallâh!, das habe ich nicht von dir gedacht, o Ghazâlî! Ich habe ihn doch mit eigenen Augen auf seiner Kamelstute reiten sehen!'"

Davon leitete der Vater des Knaben die Meinung ab, daß al-Ghazâlî sich geirrt haben müsse und daß es den Menschen allgemein möglich sei, den Propheten im Traum zu sehen; daß ferner Heilige und Selige ihn sogar in wachem Zustande erblicken konnten. Der Vater des Knaben erhärtete dies mit einem überlieferten Ausspruch des Propheten, den er jedesmal anführte, wenn er diese Geschichte erzählte: „Wer mich im Traume sah, der hat mich wirklich gesehen, denn der Teufel geht nicht in meiner Gestalt einher."

Nach Art dieser beiden Erzählungen merkte sich der Knabe eine Reihe Geschichten von wundersamen und überirdischen Geschehnissen und manches aus dem mystischen Geheimwissen. Verspürte er Lust, erzählte er seinen Schulfreunden davon, und sie berichteten ihm ähnliches vom Herrn der „Unteren", was sie ebenso felsenfest glaubten.

Die Leute vom Lande – Alte, Jünglinge, Knaben und Frauen – haben eine ganz eigene Mentalität, in der sich Einfalt, Mystizismus und bedenkenlose Unwissenheit mischen, und den größten Einfluß auf die Formung ihrer Geisteshaltung übten die Sufis aus.

Unser Knabe fügte seinen Wissenszweigen bald einen neuen hinzu: die Wissenschaft von der Zauberei und den Talismanen. Eine für die geistige Haltung der Landleute jener Zeit typische Erscheinung waren die Buchverkäufer, die durch Dörfer und Städte zogen und verschiedene Schriften feilboten. In ihren Reisesäcken trugen sie die „Tugenden der Frommen", die „Kunde von den Eroberungen und den Raubzügen", die „Geschichte von der Katze und der Maus", das „Streitgespräch zwischen Draht und Dampfmaschine", „Die große Sonne der Kenntnisse auf dem Gebiet der Zauberei" und eine andere Schrift, deren Titel mir nun entfallen ist, die aber allgemein als das „Buch des Diyarbî" bekannt war. Dann hatten sie verschiedene Anrufungen, die Geschichte von der Geburt des Propheten, Sammlungen mystischer Poesie, Bücher über „Predigten und richtige Wegleitung" und über „Vorträge und wunderbare Mitteilungen", dann Geschichten von den Helden der Banû Hilâl und Zanâtî, von Antara, Zâhir Baibars und Saif Ibn Dhî Yazal und schließlich auch noch den Koran. Die Leute kauften die Bücher, die sie gierig verschlangen, und aus dem, was sie davon aufnahmen, formte sich ihre Mentalität, wie sich ihr Körper aus dem, was sie aßen und tranken, gestaltete und ergänzte.

Man las unserem kleinen Freund allerlei vor, und er behielt viel im Gedächtnis. Auf zwei Dinge verwandte er jedoch besondere Aufmerksamkeit: auf die Zauberei und auf den Mystizismus. Beide Wissenszweige lassen sich nicht etwa sonderlich schwierig vereinen, die Widersprüche, die sich dabei ergeben können, sind in Wirklichkeit nur scheinbar. Macht nicht auch der Sufi sich selbst und der Öffentlichkeit vor, daß er die Schleier des Verborgenen zu durchdringen, daß er von Vergangenem und Künftigem zu künden vermag und daß er imstande sei, die Grenzen der Naturgesetze zu überschreiten und Wunder und außerordentliche Taten zu vollbringen? Und was tut der Zauberer anderes? Schreibt er sich nicht die Fähigkeit zu, Kunde über das Verborgene erlangen zu können? Gibt er nicht ebenfalls vor, daß er die Naturgesetze durchbricht und mit der Geisterwelt in Verbindung tritt? So ist es doch! Der einzige Unterschied zwischen Zauberer und Sufi besteht darin, daß dieser mit den Engeln, jener mit den Teufeln Verbindung hält. Man müßte Ibn Chaldûn und ähnliche Autoren lesen, will man die wahre Definition dieses Unterschiedes finden, auf die dann das Verständnis für die natürliche Folgeerscheinung aufzubauen wäre: Verwerfung der Zauberei und Abscheu für sie einerseits, die Anziehungskraft des Sufismus und die starke Hinneigung zu ihm andererseits.

Aber was hätte dem Knaben und seinen Gefährten wohl ferner gelegen als Ibn Chaldûn und seinesgleichen? Die Bücher, die ihnen in die Hände kamen, waren Zaubertraktate, waren die „Tugenden der Frommen" und die „Wunder der Heiligen". Die lasen sie und fühlten sich tief beeindruckt. Es dauerte jedoch nicht lange, bis sie vom Lesen und Staunen zur Nachahmung und zu eigenen Versuchen übergingen. Sie lebten nach sufischer Vorschrift und erprobten die Künste, die die Magier empfahlen. Oftmals gingen Zauberei und Mystik in ihrem Hirn ineinander über, und beides verschmolz zu einem, mit dem Ziel, die Erleichterung des Lebens und die Annäherung an Gott zu finden. So stand es auch um unseren

Freund, der zugleich ein Sufi sein und der Zauberei nachgehen wollte. Er war des festen Glaubens, daß er auf diese Weise Allah wohlgefallen und dem Leben die schönsten Freuden abgewinnen könne.

Unter den Geschichten, die die Buchverkäufer anboten und die die Jungen in Mengen besaßen, war eine Erzählung aus Tausendundeiner Nacht, Hassan aus Basra. In ihr war die Rede von einem Feueranbeter, der Kupfer in Gold verwandelte, und von einem Schloß, das hinter einem Berge auf hochgebauten Säulen in die Lüfte ragte und in dem sieben Dschinnen-Jungfrauen wohnten, bei denen Hassan aus Basra Zuflucht suchte. Auch Hassans lange und mühevolle Reise ins Reich der Dschinnen wurde geschildert. Eine dieser Erzählungen erfüllte den Knaben mehr als alle anderen mit Bewunderung: Als nämlich Hassan auf seiner Reise war, wurde ihm einmal ein Stab geschenkt, der die Eigenschaft hatte, daß sich die Erde spaltete, sobald man mit ihm auf den Boden schlug, und neun Gestalten aus ihrem Inneren hervortraten, die die Befehle des Besitzers jenes Stabes erfüllten. Sie gehörten natürlich zu den Dschinnen – es waren kraftvolle Geschöpfe und von ätherischem Wesen – und flogen und eilten und trugen die schwersten Lasten, rissen Berge aus und vollführten die allerwundersamsten Dinge. Dieser Stab hatte es dem Knaben angetan, und er wünschte sehnlichst, ihn auch einmal zu erlangen. Dieser heftige Wunsch hielt ihn nachts wach und versetzte ihn tagsüber in Verwirrung und Unruhe. Er begann, die Bücher vom Zaubern und von der Mystik zu studieren und forschte bei Zauberern und Sufis nach Mitteln, durch die man sich in den Besitz des Stabes bringen könnte.

Nun hatte er einen Verwandten, einen Jungen seines Alters, der mit ihm in die Schule ging. Dieser begehrte wohl noch leidenschaftlicher den Stab. Mit größtem Eifer begaben sich also beide Knaben auf die Suche nach einem einfachen Mittel, das ihnen die Verwirklichung ihrer Träume bringen würde. Und das fanden sie schließlich in dem Buche des Diyarbî: Ein Knabe mußte sich ganz allein, im Zustande der Reinheit, einschließen, einen Behälter mit glühenden Kohlen vor sich hinstellen und Räucherzeug danebenlegen. Sodann hatte er einen bestimmten Namen Allahs immer wieder auszusprechen: „O du Gütiger! O du Gütiger! ... " und dabei etwas Weihrauch auf das Feuer zu streuen. Er sollte beschwörend und räuchernd verweilen, bis sich die Erde mit ihm drehte, die Wand sich vor ihm spaltete und ein Diener aus der Dschinnenschar vor ihn hin trat, der auf jenen besonderen Namen Allahs verpflichtet war. Von diesem könne er verlangen, was er wolle – der Wunsch würde unbedingt erfüllt.

Kaum hatten beide Knaben dieses Mittel entdeckt, als sie auch schon beschlossen, sich seiner zu bedienen. Sie kauften sich sofort verschiedenes Räucherwerk. Unser Freund zog sich allein in das Gästezimmer zurück, verschloß die Tür von innen, legte glühende Kohlen vor sich hin, begann Weihrauch darauf zu streuen und zu murmeln: „O du Gütiger! O du Gütiger!" Lange Zeit setzte er sein Tun fort und wartete, die Erde möge sich mit ihm drehen, die Wand sich spalten und ein Diener vor ihm erscheinen. Aber nichts von allem ereignete sich.

Hier nun verwandelte er sich von einem Sufi-Zauberer in einen Schwindler. Er eilte ganz aufgeregt aus dem Zimmer, den Kopf in beiden Händen, und seine Zunge war kaum fähig, einen Laut auszustoßen. So traf ihn sein Freund. Der fragte ihn, ob er den Diener gesehen habe und ob er den Stab von ihm verlangt habe.

Unser Freund konnte nur zitternd und erregt etwas entgegnen, und seine Zähne klapperten dermaßen, daß sein junger Gefährte erschrak. Langsam und mühevoll begann er sich endlich zu beruhigen und in abgerissenen Sätzen mit unsicherer Stimme zu berichten: „Die Erde drehte sich um und um mit mir, bald wäre ich hingestürzt, die Wand spaltete sich, und ich hörte eine Stimme, die das Zimmer bis in alle Ecken erfüllte. Dann wurde ich ohnmächtig. Als ich wieder zu mir kam, rannte ich eilends hinaus."

Der Knabe, der das hörte, wurde nun von Freude und Bewunderung für den Freund erfüllt und sagte: „Nimm es nicht schwer. Der Schrecken hat dich überwältigt, und die Angst hat deine Kraft gelähmt. Wir wollen im Buch nach etwas suchen, das dich stärkt und ermuntert, damit du dem Dschinn standhalten und von ihm fordern kannst, was du willst."

Wieder begannen sie im Buch Rat zu suchen. Ihr neuerliches Forschen führte dahin, daß derjenige, der sich einschloß, zwei Rak'as beten müsse, ehe er sich ans Räucherfeuer setzte und mit der Wiederholung des göttlichen Namens begänne. Das tat unser Knabe auch am folgenden Tage. Er begann Weihrauch zu streuen, die Anrufung „O du Gütiger!" zu wiederholtem Male auszusprechen und darauf zu warten, daß sich die Erde mit ihm drehe, die Wand aufbreche und der Diener vor ihm erscheine. Aber nichts dergleichen ereignete sich. Da ging der Knabe ruhig und gefaßt zu seinem Freund hinaus, berichtete ihm, daß sich die Erde gedreht und die Wand gespalten habe, der Diener vor ihm erschienen und von seinem Wunsch unterrichtet worden sei, ihn aber nicht ausführen wolle, ehe er sich nicht in Zurückgezogenheit, in intensiverem Beten, Räuchern und Anrufen des Namens Allahs geübt habe. Als Termin für die Erfüllung dieser Forderungen habe er ihm einen vollen Monat gesetzt, in dem der Knabe regelmäßig diese Handlungen auszuführen habe. Würde diese Regelmäßigkeit aber gestört, sei es nicht zu umgehen, daß er von vorn anfangen und wieder für einen ganzen Monat üben müsse. Der andere Junge glaubte seinem Freund und drang nun täglich in ihn, er solle sich doch mit einigen glühenden Kohlen einsperren und die Anrufungen wiederholen. Unser

Freund begann jedoch, diese Schwächen des Kindes auszunutzen und ihm so viel Mühe und Plage aufzuerlegen, wie er wollte. Weigerte sich jener oder erweckte er auch nur den Anschein, erklärte ihm unser Freund, daß er sich nicht ans Räucherfeuer zurückziehen, nicht „O du Gütiger!" beten und nicht um den Stab bitten wolle. Und so zwang er den Knaben stets zu promptem Gehorsam.

Von sich aus neigte unser Freund gar nicht zu Zauberei und Mystizismus, er wurde aber dazu getrieben, und zwar von seinem Vater. Der Scheich hatte nämlich viele Anliegen an Gott. Er hatte viele Söhne und war um ihre Belehrung und Erziehung besorgt. Aber er war arm und nicht in der Lage, die Kosten des Unterrichts zu zahlen. So machte er von Zeit zu Zeit Schulden, deren Rückzahlung stets eine schwere Belastung für ihn darstellte. Darum war er sehr darauf bedacht, seine Einkünfte von Zeit zu Zeit etwas zu erhöhen, einen Schritt voranzukommen und eine Arbeit nach der anderen zu beginnen. All das erflehte er von Allah mit Bitten, Gebeten und Anrufungen. Sein beliebtestes Mittel war das wiederholte Aufsagen der Sure Yâ-Sîn. Mit dem Rezitieren beauftragte er seinen kleinen Sohn, weil er ein Kind und dazu noch blind war und aus diesen beiden Gründen einen bevorzugten Platz in der göttlichen Beachtung innehatte. Würde Allah wohl einen blinden Knaben zurückstoßen können, wenn er sich durch fortgesetzte Rezitation des Koran etwas von ihm erbat? Die Wiederholung der Yâ-Sîn-Sure geschah auf verschiedene Weise: Entweder zog man sich zurück, trug sie dreimal vor und verlangte, was man im Sinne hatte; darauf entfernte man sich. Oder man zog sich zurück und sagte die Sure siebenmal auf, bat um das, was man wollte, und ging weg. Schließlich konnte man sich zurückziehen, die Sure einundvierzigmal rezitieren und bei jedem Abschluß hinzufügen: „O Gemeinschaft der Besten unter den Besten der Völker!" Hatte man die Rezitation beendet, sagte man seinen Wunsch und ging. Bei dieser dritten Art war das Rauchopfer Pflicht. Die kleine Wiederholung der Koransure übertrug der Scheich seinem Sohn bei kleinen Angelegenheiten, die mittlere bei wichtigen und die dritte bei Dingen, die das Leben der ganzen Familie betrafen. Wenn er für einen seiner Söhne einen Freiplatz in einer Schule erlangen wollte, genügte schon die kleine. Erflehte er von Allah die Kosten für die Rückzahlung einer schweren Schuld, bedurfte es der mittleren. Wollte er aber von einer Beschäftigung zu einer anderen übergehen oder sein Gehalt um eine Guinee oder zumindest einen Teil davon erhöht haben, dann kam die große dran. Für jede Wiederholung gab es einen bestimmten Lohn: für die kleine ein Stück Zucker oder Halwa, für die mittlere fünf Millîms und für die große zehn Millîms. Und wie oft mußte sich der Knabe zurückziehen und die Sure vier-, sieben- oder einundvierzigmal beten! Merkwürdig nur, daß die Bitten immer in Erfüllung gingen. Und da sollte der Scheich nicht zu der unbedingten Überzeugung kommen, daß sein Sohn gesegnet sei und in der besonderen Gunst Allahs stehe?

Zauberei und Mystizismus beschränken sich jedoch nicht nur auf die Gewährung von Bitten und auf die Kenntnis der Mittel, die das Verborgene offenkundig machen konnten, sie gingen sogar bis zur Vertreibung des Unheils und zur Abwendung von Schicksalsschlägen.

Mag der Knabe viel vergessen haben, eines wird ihm immer gegenwärtig bleiben, die Furcht, die die Herzen aller Menschen im Ort und in den umliegenden Dörfern erfüllte, als sie von Kairo die Nachricht erhielten, daß in wenigen Tagen ein Komet am Himmel erscheinen und um die zweite Nachmittagsstunde die Erde mit seinem Schweif streifen und zu Staub zerfallen lassen würde; die Winde sollten sie dann zerstreuen. Die Frauen und das einfache Volk kehrten sich nicht oder doch kaum darum. Sie empfanden zwar etwas Angst, wenn sie von diesem Unheil sprachen oder davon reden hörten, sie hielten sich aber nicht damit auf, sondern machten sich sogleich wieder an ihre gewohnte Arbeit. Doch die in der Religion Bewanderten und die „Träger des Koran", die Mystiker und ihre Anhänger, sie alle waren von Unruhe und Furcht ergriffen. Das Herz wollte ihnen fast im Leibe zerspringen. Unaufhörlich diskutierten sie. Einige behaupteten, die Katastrophe würde nicht stattfinden, weil sie im Gegensatz stünde zu dem, was als „Bedingungen der Stunde" bekannt war. Die Erde würde ja bekanntlich nicht vergehen, ehe nicht das apokalyptische Tier, das Feuer und der Antichrist erschienen und der Messias in die ungerechte Welt herabgestiegen sei, um sie mit Gerechtigkeit zu erfüllen. Andere glaubten, daß diese Katastrophe selbst eine der „Bedingungen der Stunde" darstelle, und wieder andere sagten, daß die Katastrophe zwar eintreten, aber die Erde nur teilweise, keinesfalls vollständig zerstört würde. Sie diskutierten von früh bis spät, und wenn die Nacht hereinbrach und das Abendgebet verrichtet war, versammelten sie sich in Gruppen in der Moschee und vor den Häusern und begannen, bis zur Zeit des Nachtgebetes jenen Satz aus dem Koran zu wiederholen: „Es kommt der kommende Tag. Gott allein deckt ihn auf."

Die Tage vergingen, die vorgesehene Stunde kam, doch kein Komet erschien am Himmel. Weder eine große noch eine kleine Katastrophe suchte die Erde heim. Da entzweiten sich Gottesgelehrte, Träger des Koran und Mystiker. Die Gelehrten, die ihr Wissen von den Büchern herleiteten und sich zur Azhar rechneten, triumphierten: „Haben wir es euch nicht gesagt, daß die Katastrophe nicht eintreffen könne, ehe die 'Bedingungen der Stunde' erfüllt sind? Haben wir euch nicht ermahnt, den Sterndeutern kein Vertrauen zu schenken?"

Die Träger des Koran aber sagten: „O nein! Beinahe hätte die Katastrophe stattgefunden, hätte sich nicht Allah der Stillenden, der Schwangeren und der Tiere erbarmt und das flehentliche Rufen und die demütigen Bitten der Menschen erhört!"

Die Mystiker dagegen und die „Leute von der göttlichen Eingebung" behaupteten, die Katastrophe wäre sicher über sie gekommen, hätte sich nicht der Qutb al-Mitwallî bei Allah verwandt. So habe er dieses Unglück von den Menschen abgewendet und ihre Sündenlast von ihnen genommen.

Auch der Beweggrund, der die Leute veranlaßte, sich vor den heißen Chamsînwinden zu schützen, wurzelte in Zauberei und Mystizismus. Da muß ich erzählen, was unserem kleinen Freund noch im Gedächtnis haftenblieb: wie merkwürdig nämlich die Tage waren, die dem „Riechen des Windhauches" vorangingen. Die Herzen der Frauen, der Kinder und der Träger des Koran waren von Freude und Furcht zugleich erfüllt. Am Freitag schwelgten sie bei besonderen Gerichten, am Sonnabend aßen sie Unmengen von bunten Eiern. Die Schriftkundigen trafen für diesen Tag ihre Vorkehrungen: sie kauften glattes weißes Papier, zerschnitten es in winzige Stückchen, schrieben auf jedes Stück Alif, Lâm, Mîm, Sâd, falteten die Schnipsel und füllten sich damit die Taschen. Am Sonnabend gingen sie reihum in die Häuser, in denen sie verkehrten, verteilten die Papierchen an die Bewohner und verlangten von jedem, daß er vier verschlinge, ehe er Speise und Trank berühre. Sie machten den Leuten weis, daß nach Verzehr der Papierschnitzel die Übel, die die Chamsînwinde mit sich brächten, von ihnen fernbleiben würden, ganz besonders die Augenkrankheit. Die Menschen glaubten ihnen, sie verschlangen diese Schnipsel und erstatteten den Gelehrten den Preis dafür in roten und gelben Eiern. Der Knabe kann sich nicht vorstellen, was «unser verehrter Herr» wohl mit all den

Eiern gemacht haben mag, die er am Lichtersamstag sammelte, denn ihre Zahl ging in die Hunderte.

Die Vorbereitungen der Schriftkundigen für diesen Tag erschöpften sich aber nicht im Herstellen der Papierschnipsel, nein, sie gingen weit darüber hinaus. Sie kauften glattes weißes Papier, schnitten es in lange Streifen von mittlerer Breite und schrieben das Vermächtnis des Propheten darauf: „Das Vermächtnis des Propheten Tâhâ war: zwei Gebetsschnüre, ein Korantext, ein Behältnis mit Wimpernschwärze, zwei Gebetsmatten, ein Mahlstein und ein Stab." Hieran fügten sie noch eine andere Anrufung, die mit folgenden Worten begann und von der die Gelehrten behaupteten, sie sei syrisch: „Danbad danbi, kari karandi, sari sarandi, sabr sabr batuna." – Bannet das, was fern von uns ist, auf daß es nicht zu uns komme, und das, was uns nahe ist, auf daß es uns nicht schaden möge, und so weiter. –

Dann falteten sie die Streifen zu Amuletten und Talismanen, verteilten sie in den Häusern an die Frauen und Kinder und erhielten dafür Dirhams, Brot, Kuchen oder irgendwelche Süßigkeiten. Sie versicherten den Leuten, daß das Tragen dieser Amulette und Talismane die Dämonen, die den Chamsîn herbeitrügen, hindere, ihnen Schaden zu stiften. Die Frauen nahmen die Amulette vertrauensvoll entgegen, doch hielt sie das nicht davon ab, sich an den Tagen des Windhauchriechens außerdem vor den Ifrîts dadurch zu schützen, daß sie Zwiebeln durchschnitten und an der Haustüre aufhängten und daß sie nichts anderes aßen als keimende Bohnen.

Es war Allahs Wille, «unseren verehrten Herrn» durch seinen Schüler mit nicht geringem Leid zu schlagen, abgesehen von all den Zwischenfällen, die dann einzutreten pflegten, wenn der Scheich hin und wieder den Knaben prüfte. Auch die Vorliebe des Knaben für die Alfiyya und andere Texte führte zu fortgesetzten Reibereien, denn sie ließ den Knaben überheblich und garstig zu seinen Kameraden und zu seinem Vorgesetzten werden. In seiner Einbildung nahm er schon den Rang eines Gelehrten ein, gegen die Befehle des Hilfslehrers lehnte er sich auf. Doch all das genügte noch nicht: Es kam noch ein Schlag, wie ihn der Mann nie erwartet hatte und der stärker war als alle anderen, denn er traf ihn in seiner Berufsehre.

Eines Tages ließ sich ein Mann aus Kairo als Landwirtschaftsinspektor im Ort nieder. Er war mittleren Alters, trug einen Tarbûsch, sprach Französisch und sagte, er habe die höhere Gewerbeschule absolviert. Er war ein angenehmer, anziehender Mensch. Bald gewannen ihn die Leute gern und luden ihn in ihre Häuser und zu ihren Zusammenkünften ein. Es dauerte auch gar nicht lange, da hatte sich zwischen ihm und dem Vater des Knaben ein freundschaftliches Verhältnis angesponnen.

Der Inspektor hatte «unseren verehrten Herrn» damit betraut, ihm täglich in seinem Hause eine Sure des Koran zu rezitieren, und gab ihm dafür zehn Piaster im Monat. Das war der erhöhte Preis, den die Honoratioren zu zahlen hatten. Und «unser verehrter Herr» liebte den Mann und war des Lobes über ihn voll. Doch da brach der Ramadân an. In den Nächten dieses Monats kamen die Leute stets bei einem angesehenen Einwohner des Ortes, der im Handel tätig war, zusammen. Während des ganzen Monats trug «unser verehrter Herr» nachts bei ihm den Koran vor. Und der Knabe pflegte «unseren verehrten Herrn» zu begleiten und ihn von Zeit zu Zeit abzulösen, indem er an seiner Statt eine Sure oder einen Abschnitt rezitierte.

Eines Nachts, als er beim Vortragen war, hörte ihn der Inspektor und sprach zu seinem Vater: „Deinem Sohn würde es guttun, die Intonation des Koran kennenzulernen!"

Der Scheich erwiderte: „Er wird sie schon bei einem Azhargelehrten lernen, wenn er nach Kairo kommt!"

Der Inspektor entgegnete: „Ich kann ihn in dieser Art des Koranvortrags unterweisen, und zwar nach der Lesart des Hafs. Wenn er dann nach Kairo kommt, weiß er schon in den Anfangsgründen Bescheid, und es wird ihm ein Leichtes sein, sich mit den sieben oder zehn oder vierzehn Lesarten zu befassen."

Der Scheich fragte: „Bist du denn ein Träger des Koran?"

Der Inspektor antwortete: „Sogar einer von denen, die intonieren können. Wäre ich nicht so beschäftigt, könnte ich deinem Sohn alle Lesarten beibringen. Doch ich will ihm gern jeden Tag eine Stunde geben, ihn in der Lesart des Hafs unterrichten, ihn in die Grundlagen dieser Kunst einführen und somit im besten Sinne auf die Azhar vorbereiten."

Die Leute wunderten sich.

„Wie ist es möglich, daß ein Tarbûschträger, der Französisch kann, auch den Koran auswendig weiß und seine Intonation beherrscht!"

Der Inspektor erklärte: „Ich bin Azharite und war im Studium der Religionswissenschaft schon ziemlich weit vorgedrungen. Da habe ich es aufgegeben, um Schulen zu besuchen, und habe dann die höhere Gewerbeschule abgeschlossen."

Sie riefen: „So trage uns etwas vor!"

Da zog der Mann seine Sandalen aus, setzte sich mit gekreuzten Beinen nieder und sang ihnen die Sure des Hûd mit solcher Kunst vor, wie sie es nie gehört hatten.

Frage nicht nach ihrer Bewunderung, nicht nach dem Aufheben, das sie von ihm machten! Frage nicht, wieviel Kummer und Verdruß über «unseren verehrten Herrn» hereinbrach! Der Mann verbrachte die Nacht, als hätte ihn ein Blitzstrahl getroffen.

Am Morgen befahl der Scheich seinem Sohn, von nun an täglich ins Haus des Inspektors zu gehen. Der Knabe freute sich sehr, er teilte es seinen Schulkameraden mit und unterhielt sich mit ihnen darüber. Aber frage nicht, welch tiefen Schmerz dieses Gespräch in der Seele «unseres verehrten Herrn» hinterließ! Er rief den Knaben zu sich und befahl ihm, in der Schule niemals mehr den Namen des Inspektors zu nennen.

Der Knabe ging also zum Inspektor, und dabei blieb es. Dieser ließ ihn das „Schatzkästlein der Kinder" lesen und erklärte ihm die Grundzüge der Koranintonation, lehrte ihn den Madd, die Verlängerung der Stimme auf einem Vokal, und den Ghann, die Nasalierung, den Ichfâ', die Senkung der Stimme, und den Iddighâm, das Zusammenziehen zweier Buchstaben, und alles, was noch dazugehört.

Der Knabe war über dieses Wissen entzückt und erzählte seinen Gefährten in der Schule davon. Er erklärte ihnen, daß «unser verehrter Herr» den Madd nicht gut kenne, im Ghann nicht sicher sei und den Unterschied zwischen der Verlängerung eines Buchstabens und der eines Wortes oder zwischen der schweren und leichten Verlängerung nicht wisse. Und alles wurde irgendwie «unserem verehrten Herrn» zugetragen, was ihm tiefen Kummer bereitete und ihn gelegentlich aus der Fassung brachte.

Also sagte der Knabe dem Inspektor den Koran von Anfang an auf, und der Inspektor lehrte ihn die Pausen und die Verbindungen. Der Knabe begann, den Inspektor in seiner Intonation nachzuahmen, seinen Gesang zu kopieren und den Koran auf diese Weise in der Schule vorzutragen. Als ihn sein Vater wieder prüfte und ihn so die Rezitation vortragen hörte, war er vor Bewunderung ganz gerührt und lobte den Inspektor. Nichts konnte «unseren verehrten Herrn» aber wütender machen als dieses Lob!

Ein ganzes Jahr besuchte der Knabe dieses Haus und sagte dem Inspektor den Koran auf, bis er die Intonation nach der Lesart des Hafs sicher beherrschte. Er war gerade dabei, mit der Lesart des Warsch anzufangen, als gewisse Ereignisse eintraten und der Junge nach Kairo fuhr.

War der Knabe nur so gern in jenes Haus gegangen, weil er den Inspektor bewunderte oder weil er begierig war, den Koran und seine Intonation zu beherrschen? Oder um «unseren verehrten Herrn» zu ärgern und den Schulkameraden seine eigene Überlegenheit zu zeigen?

In den ersten zwei Monaten dieses Jahres, ja. Aber nach diesen beiden Monaten machte ihm etwas anderes das Haus des Inspektors lieb und anziehend. Der Inspektor, der mittleren Alters war und die Vierzig schon erreicht, wenn nicht überschritten hatte, war mit einer jungen Frau verheiratet, die noch keine sechzehn Jahre zählte. Er hatte keine Kinder. In dem großen Haus wohnte diese junge Frau mit ihrer Großmutter, die eine gute Fünfzigerin sein mochte. Als der Knabe seine Besuche begann, ging er ein und aus, ohne jemand anderen als den Inspektor zu treffen. Doch als er häufiger kam, fing die junge Frau an, sich mit ihm zu unterhalten und ihn über sich, seine Mutter, seine Geschwister und sein Zuhause auszufragen, worauf er ihr erst verschämt, dann ohne Scheu und schließlich ganz zutraulich antwortete. So entstand zwischen der jungen Frau und dem Knaben eine offene Zuneigung, die seine Seele süß und angenehm durchflutete, die aber eine drückende Sorge für die alte Dame war. Der Inspektor dagegen ahnte nichts davon. Der Knabe begann, schon vor der verabredeten Zeit ins Haus zu kommen, um etwas Zeit zu gewinnen und mit der jungen Frau sprechen zu können. Sie erwartete ihn bald, und wenn er kam, nahm sie ihn auf ihr Zimmer, setzte sich, forderte auch ihn zum Sitzen auf, und dann plauderten sie. Ihre Unterhaltung verwandelte sich in ein Spiel, so wie es die Kinder spielen, nicht mehr und nicht weniger. Aber es war ein wunderschönes Spiel.

Der Knabe erzählte alles seiner Mutter. Sie lachte und bemerkte zu seiner Schwester voll Mitleid für die junge Frau: „Was für ein Kind hat man diesem alten Mann in die Ehe gegeben! Sie kennt niemanden, keiner kennt sie, natürlich ist sie bedrückt und sehnt sich nach Spiel und Scherz." Von da an bemühte sich die Mutter des Knaben, die junge Frau kennenzulernen. Sie lud sie ins Haus ein und bat sie, ihre Besuche recht oft zu wiederholen.

So verbrachte der Knabe zwischen zu Hause, Schule, Gericht, Moschee, Inspektorenhaus und Dhikr-Veranstaltungen seine Tage, weder besonders freudig noch besonders freudlos. Es gab unter ihnen angenehme, und dann folgten wiederum ganz bittere. Zwischendurch verstrichen sie eintönig und ereignislos.

Einmal lernte der Knabe das Leid jedoch wirklich kennen. Von jenem Tage an wußte er, daß die Schmerzen, die er bisher erduldet und um deretwillen er das Leben schon verabscheut hatte, im Vergleich dazu nichts gewesen waren. Er mußte erfahren, daß das Geschick gleichzeitig fähig ist, den Menschen Qual und Schmerzen zu bereiten, und ihnen das Leben lieb und die Sorgen leicht zu machen.

Der Knabe hatte eine kleine Schwester, die mit ihren vier Jahren das jüngste Kind in der Familie war. Sie war ein kleines Plappermäulchen, ein liebenswertes Kind mit offenem, strahlendem Gesicht, mit einer entzückenden Art zu sprechen und lebendiger Einbildungskraft. Sie war die Freude der ganzen Familie. Stundenlang konnte sie sich allein unterhalten und spielen. Sie setzte sich vor eine Wand und erzählte ihr, geradeso wie ihre Mutter etwas einer Besucherin erzählte. Jedem Spielzeug, mit dem sie sich beschäftigte, verlieh sie eine Seele und erfüllte es mit persönlichem Leben: Dieses war eine Frau, jenes ein Mann, dies ein Jüngling und das ein Mädchen. Das

Kind ging unter diesen Personen umher, ließ sie bald freundlich scherzen, bald wütend schelten oder wiederum ruhig und vertraut sich unterhalten. Die ganze Familie fand ihr größtes Vergnügen daran, diesen Unterhaltungen zu lauschen und den verschiedenen Spielen zuzuschauen, ohne daß das Kind gesehen, gehört oder auch nur gefühlt hätte, daß es beobachtet wurde.

Als sich nun das Opferfest näherte, begann die Mutter ihre Vorkehrungen für dieses Fest zu treffen, das Haus in Ordnung zu bringen und Brot und verschiedene Kuchen zu backen. Auch die Brüder des Knaben bereiteten sich auf das Fest vor: Die größeren gingen zum Schneider, dann zum Schuster, und die kleineren vergnügten sich inmitten dieser unerwarteten Geschäftigkeit im Hause. Unser Freund beobachtete sie alle mit einer gewissen philosophischen Gelassenheit, die er sich angewöhnt hatte. Er brauchte weder zum Schneider noch zum Schuster zu gehen, auch neigte er nicht dazu, an einem so außergewöhnlich lauten Treiben Spaß zu haben. Er schloß sich ab und lebte in einer Welt der Phantasie, die er sich aus den verschiedenen Geschichten und Büchern erschuf, von denen er unendlich viele gelesen hatte.

Als die Festtage näherrückten, ließ das Kind eines Morgens Zeichen von Mattigkeit und Erschlaffung erkennen, jedoch beachtete es kaum einer. Die Kinder der Dörfer und Landstädte sind ständig solcher Vernachlässigung ausgesetzt, besonders wenn die Familie zahlreich ist und die Frau des Hauses viel Arbeit hat. Die Dorf- und Stadtfrauen der Provinz huldigen einer geradezu sündhaften Philosophie und bedienen sich einer nicht minder sündhaften Wissenschaft. Ein Kind klagt, aber selten achtet die Mutter darauf: Welches Kind würde schließlich nicht einmal jammern! Das geht so einen Tag und eine Nacht, dann gibt sich das, und das Kind erholt sich wieder. Selbst wenn sich die Mutter darum bekümmert, mißtraut die dem Arzt, oder sie weiß überhaupt nichts von seiner Existenz. Sie verläßt sich auf jene sündige Wissenschaft, die eine Weisheit der Frauen und ihresgleichen ist.

Auf diese Art hatte der Junge sein Augenlicht verloren. Als ihn die Augenkrankheit befallen hatte, vernachlässigte man ihn tagelang. Dann hatte man den Bader geholt, der ihn in einer Weise behandelt hatte, daß seine Sehkraft vollends vernichtet wurde. Und durch ebensolche Lässigkeit verlor dieses Kind sein Leben. Es wurde apathisch, matt und fiebrig, das dauerte einen, noch einen und noch einen Tag. Es lag auf seinem Bett in einem Winkel des Hauses, und seine Mutter und seine Schwester schauten ab und zu nach ihm und brachten ihm irgend etwas zu essen. Allah weiß, ob es gut oder schädlich war! Unterdessen ging der Trubel im Hause weiter: Hier wurde Brot und Kuchen zubereitet, dort das Empfangs- und das Gästezimmer gescheuert, die Kinder scherzten und vergnügten sich, die Knaben beschäftigten sich in Gedanken schon mit ihren neuen Schuhen und Kleidern, der Scheich kam und ging und saß für den Rest des Tages und die erste Nachtstunde bei seinen Freunden.

Am Nachmittag des vierten Tages hörte das alles plötzlich auf, es stockte, und die Mutter wurde von der Ahnung gepackt, ein beängstigender Schatten könne über dem Hause schweben. Noch nie hatte der Tod dieses Haus betreten, nie zuvor hatte die zärtliche Mutter die brennende Qual des wirklichen Leids verspürt. Sie war gerade bei ihrer Arbeit, als das Kind in ein schreckliches Geschrei ausbrach. Die Mutter ließ alles liegen und eilte zu ihm. Das Schreien hielt an und wurde schlimmer und schlimmer. Da ließen die Schwestern der Kleinen alles stehen und eilten zu ihr. Die Schreie aber dauerten an, sie wurden noch stärker, und das Kind wand sich zitternd in den Armen seiner Mutter. Da verließ der Scheich seine Freunde und eilte zu ihm. Das Schreien hörte noch immer nicht auf, sondern steigerte sich. Das Kind zitterte am ganzen Körper, sein schweißüberströmtes Gesicht bedeckte sich über und über mit Falten. Nun kamen die Knaben und Burschen, die sich eben noch vergnügt unterhalten hatten, herbeigelaufen. Da stand nun die ganze Familie, schweigend und bedrückt, um das Kind und wußte nicht, was zu tun war! Stunde um Stunde verrann. Den Scheich überwältigte die Schwäche, die Männer in solchen Situationen zu überkommen pflegt. Er ging weg, Gebete und Koranverse murmelnd, mit denen er Allah um Hilfe anrief. Die älteren Jungen und die Knaben stahlen sich scheu und leise davon. Sie konnten ihr vergnügtes Spiel von vorher nicht ohne weiteres vergessen, konnten aber auch nicht wieder dazu finden. Sie standen verlegen im Hause herum.

Die Mutter saß schweigend da und blickte ihr Kind an. Sie flößte ihm alle möglichen Medizinen ein – ich weiß nicht, welche es waren. Das Geschrei wollte immer noch nicht aufhören, es schwoll vielmehr noch weiter an, und auch die Erregung dauerte fort und steigerte sich. – Ich hätte nie geglaubt, daß einem Kinde, das nur vier Jahre alt ist, solche Kraft innewohnen kann. – Die Abendbrotzeit nahte, der Tisch wurde von der ältesten Schwester gedeckt. Der Scheich und seine Söhne kamen und setzten sich. Aber das Schreien des Kindes hielt ununterbrochen an, und keine Hand rührte sich zum Essen. Sie gingen wieder auseinander. Der Tisch wurde abgeräumt, wie er gedeckt worden war. Das Kind schrie und zitterte noch immer. Die Mutter blickte es an. Sie streckte wieder und wieder die Hand zum Himmel empor. Sie hatte ihr Haupt entblößt – wann hätte sie das je getan!

Die Pforten des Himmels hatten sich für jenen Tag schon geschlossen. So nahm das Schicksal seinen Lauf, mochte der Scheich auch den Koran rezitieren und die Mutter noch so inniglich beten. Sonderbar ist nur, daß keiner von diesen Leuten an den Arzt dachte!

Als die Nacht weiter vorgeschritten war, begann das Schreien des Kindes abzuflauen. Seine Stimme wurde schwächer, die Fieberschauer ließen nach. Es schien der unglücklichen Mutter, als habe Allah sie und ihren Gatten erhört und als begänne die Krisis sich zu lösen.

Die Krisis war tatsächlich überschritten, Allah hatte sich des Kindes erbarmt: Das Versiegen der Stimme und das Abklingen der Erregung waren bereits Zeichen seines Erbarmens. Als die Mutter ihr Töchterchen ansah, glaubte sie, es wolle schlafen. Wieder blickte sie hin – ungestörte Ruhe, kein Laut, keine Bewegung! Nur ein ganz leichter, zarter Atem ging über die ein wenig geöffneten Lippen aus und ein. Dann versiegte dieser Atem. Das Kind war aus dem Leben geschieden.

Was für eine Krankheit hatte es gehabt? Wie konnte sie ihm das Leben rauben? Allah allein weiß es.

Nun hob ein anderes Schreien an und fand kein Ende. Es wurde lauter und lauter. Eine andere Erregung griff um sich und steigerte sich ständig. Es waren aber nicht mehr die Schreie des Kindes, nicht mehr seine Fieberphantasien; das Schreien der Mutter war es, die den Tod gesehen hatte, es war ihre Verzweiflung, als ihr der Verlust zu Bewußtsein kam. Die Knaben und halbwüchsigen Jungen flüchteten erschrocken zu ihr. Ihnen voran eilte der Scheich – da stand sie, außer sich vor Schmerz, grambegebeugt, stieß unzusammenhängende Worte hervor, und die Tränen erstickten ihre Stimme. Unaufhörlich schlug sie sich heftig auf die Wangen. Ihr Gatte stand starr vor ihr und brachte keinen Ton heraus. Nur die Tränen flossen ihm über das Gesicht.

Nachbarn und Nachbarinnen hörten das Geschrei und kamen eilig herbei. Der Scheich ging zu den Männern hinaus, um ihre Beileidsbezeigungen mit Fassung entgegenzunehmen. Die kleinen Buben und die größeren Jungen verstreuten sich im Hause; die ein härteres Herz hatten, schliefen, die mit weicherem Herzen wachten.

Welcher Schmerz und welche Verzweiflung wütete aber im Herzen der Mutter, vor der kalt und steif ihr Töchterchen lag! Sie stieß das Klagegeheul aus, zerkratzte sich das Gesicht und schlug sich auf ihre Brust. Ihre Töchter und die Nachbarinnen, die sie umringten, taten dasselbe, sie weinten, zerkratzten sich das Gesicht und schlugen sich auf die Brust wie sie. So verbrachten sie die ganze Nacht. Und wie entsetzlich war die Stunde, da die Leute kamen, die das Kind forttrugen, um es an jene Stätte zu bringen, von der es keine Rückkehr gibt! Es war gerade am Haupttage des Opferfestes. Das Haus war zum Feiern hergerichtet, die Opfer lagen bereit. Was für ein Tag! Und was für Opfer! Wie furchtbar war die Stunde, da der Scheich gegen Mittag nach Hause zurückkehrte, nachdem er sein Töchterchen ins Grab gebettet hatte!

Seit jenem Tage war das Leid ein ständiger Begleiter der Familie. Nach wenigen Monaten verlor der Scheich seinen altersschwachen Vater, und nach einigen weiteren Monaten verlor die Mutter ihre hinfällige Mutter. Es herrschte unaufhörlich Trauer. Ein Schmerz löste den nächsten ab. Davon war der eine grimmiger, der andere leichter.

Doch es sollte noch ein ganz furchtbarer Tag kommen, wie ihn die Familie bis dahin nicht gekannt hatte. Er prägte ihrem Leben einen Stempel der Trauer auf, dessen Spuren sich nie mehr verwischen ließen. Jener Tag ließ die Haare beider Eltern erbleichen und verurteilte die Mutter dazu, sich bis an ihr Ende schwarz zu kleiden. Seither fand sie keinen Geschmack mehr an der Freude, sie konnte nicht mehr lachen, ohne hinterher zu weinen, sich nicht mehr schlafen legen, ohne zuvor einige Tränen vergossen zu haben, und sich nicht vom Lager erheben, ohne daß sie erneut geweint hätte. Sie konnte keine

Frucht mehr genießen, ohne vorher den Armen und Kindern davon gegeben zu haben, sie fand für kein Fest mehr ein frohes Lächeln und sah jedem Freudentag mit leidvoller Verbitterung entgegen.

Dieser Tag war der einundzwanzigste August des Jahres 1902. In jenem Jahr war der Sommer abscheulich. Die Cholera ging in Ägypten um und riß gewaltige Lücken in die Bevölkerung. Sie verödete Städte und Dörfer und löschte ganze Familien aus. «Unser verehrter Herr» wurde mit seiner Anfertigung von Amuletten und mit der Vervielfältigung des Vermächtnisses des Propheten reich. Die Dorf- und Stadtschulen wurden geschlossen, Ärzte und Beauftragte des Gesundheitsamtes zogen im Lande umher, sie führten ihre Instrumente mit sich und Zelte, um die Kranken zu isolieren. Schrecken erfüllte die Seelen und bedrückte die Herzen. Das Leben wurde ein „gar verächtlich Ding". In jeder Familie sprach man davon, was die anderen Familien getroffen hatte, und erwartete seinen Teil an dem grausigen Schicksal. Die Mutter des Knaben war in immerwährender Verzweiflung und fragte sich wohl tausendmal am Tage, auf welchen ihrer Söhne und welche ihrer Töchter sich das Unheil herabsenken würde.

Sie hatte einen achtzehnjährigen Sohn, einen hübschen, ansehnlichen und aufgeweckten Jungen. Er war der Klügste der Familie, sehr zart besaitet und hatte die besten Anlagen. Er war voll bescheidener Kindesliebe zu seiner Mutter, voll Aufmerksamkeit gegen seinen Vater und zeigte sich am kameradschaftlichsten seinen kleinen Geschwistern gegenüber; und immer war er fröhlich! Er hatte die Abschlußprüfungen der höheren Schule bestanden, war für die Medizinschule in Kairo vorgesehen und wartete nun das Ende des Sommers ab, um dann nach Kairo zu fahren. Als diese Seuche kam, schloß er sich einem Arzt des Ortes an und begann, ihn bei seinen Visiten zu begleiten. Er behauptete, er würde sich bei dieser Gelegenheit schon im Fache üben. Da kam der zwanzigste August. Der Jüngling kam nach der Arbeit dieses Tages, wie gewöhnlich, fröhlich nach Hause. Er sprach freundlich mit seiner Mutter, scherzte mit ihr, beschwichtigte ihre Furcht und erzählte: „Es waren heute nicht mehr als zwanzig Fälle in der Stadt, die Gewalt der Seuche beginnt nachzulassen." Er klagte jedoch über ein wenig Unwohlsein. Darauf begab er sich zu seinem Vater, setzte sich, wie er es immer tat, zu ihm und berichtete ihm das Neueste. Dann ging er zu seinen Freunden hinaus und begleitete sie ein Stück zum Ibrahimiyya-Kanal, wohin er jeden Abend mit ihnen zu gehen pflegte. Bei Einbruch der Nacht kam er zurück und verbrachte lachend und scherzend eine Stunde im Kreise seiner Brüder. In jener Nacht versicherte er allen Hausbewohnern, daß man sich durch Knoblauchessen vor der Cholera schützen könne, aß selbst Knoblauch, und die größeren und kleineren Geschwister folgten seinem Beispiel. Er versuchte, auch seinen Vater dazu zu überreden, hatte aber keinen Erfolg.

Um Mitternacht lag das Haus ruhig da, groß und klein und alles Getier waren in Schlaf versunken. Plötzlich durchdrang diese Stille ein sonderbares Geräusch, von dem alle erwachten. Der Scheich und seine Frau befanden sich in der geräumigen, ungedeckten, nur vom freien Himmel überwölbten Vorhalle und riefen ihren Sohn beim Namen. Die Jüngeren sprangen von ihrem Lager auf und eilten dahin, von wo sie das Geräusch vernommen hatten. Die Kleinen saßen da, rieben sich die Augen und versuchten, halberschreckt, zu ergründen, woher denn das Geräusch käme und was die ungewöhnliche Aufregung zu bedeuten habe. Der Ausgangspunkt war die Stimme des Jünglings, der sich bemühte, sein Erbrechen zu meistern. Er war schon ein, zwei Stunden lang, immer auf den Zehenspitzen, aus seinem Zimmer ins Freie geschlichen, um sich zu übergeben, ängstlich darauf bedacht, keinen zu wekken. Als die Krankheit jedoch ihren Höhepunkt erreicht hatte, vermochte er sich nicht mehr leise zu übergeben. So hörten seine Eltern das Röcheln, und sie und alle Bewohner des Hauses waren entsetzt.

Es war also dieser Jüngling, den das Schicksal getroffen hatte. Die Seuche hatte ihren Weg in die Familie gefunden, und die Mutter wußte, welches ihrer Kinder vom Unheil heimgesucht würde. Der Scheich zeigte sich in jener Nacht wirklich bewundernswert, er war ernst und ruhig, wenn auch von Angst gepeinigt; er hatte sich ganz in der Gewalt. In seiner Stimme lag etwas, was darauf hindeutete, daß ihm das Herz blutete. Dennoch war er gefaßt und bereit, das Unglück zu tragen. Er brachte seinen Sohn in sein Zimmer und befahl, die Geschwister von ihm zu trennen. Dann eilte er davon, um zwei Nachbarn zu rufen. Es dauerte keine Stunde, bis er mit dem Arzt zurückkehrte. Währenddessen war die Mutter, obwohl sie voller Schrecken war, in unentwegter Geduld und Treue auf die Pflege ihres Sohnes bedacht gewesen. Wenn ihm der Brechreiz für kurze Zeit Ruhe ließ, ging sie in den Vorraum, erhob Hand und Antlitz zum Himmel und verging fast in Anrufungen und Gebeten, bis sie das Würgen des Erbrechenden erneut hörte. Dann eilte sie wieder zu ihrem Sohn, lehnte ihn an ihre Brust, nahm seinen Kopf in die Hände und hörte indessen nicht auf, Gott anzuflehen und ihn zu beschwören. Es war ihr nicht möglich, die kleinen Jungen und die größeren Brüder von dem Kranken fernzuhalten. Sie drängten sich in das Zimmer und standen schweigend um ihn herum. Er aber scherzte mit seiner Mutter, sooft ihm das Erbrechen eine Ruhepause gönnte, und war lustig zu seinen kleinen Geschwistern. Endlich erschien der Arzt, verschrieb einiges und traf verschiedene Anordnungen. Im Weggehen versprach er, am Morgen wiederzukommen. Die Mutter blieb im Zimmer des Sohnes, und der Scheich saß schweigend in der

Nähe. Er rief nicht zu Gott, er betete nicht und gab keinem Antwort, der ihn anredete.

So verstrich langsam die Zeit bis zum Morgen. Da begann der Jüngling über Schmerzen in den Beinen zu klagen. Seine Schwestern kamen und rieben seine Beine mit den Händen. Er klagte einmal laut schreiend, dann verbiß er wieder den Schmerz. Die Übelkeit peinigte ihn, und das mitansehen zu müssen, zerriß seinen Eltern das Herz. Die ganze Familie erlebte einen Morgen, wie sie ihn noch nie erleben mußte, einen schweigenden, lastenden Morgen, der etwas Beängstigendes und Erschreckendes an sich hatte. Draußen vor der Tür drängten sich die Leute, die zum Scheich gekommen waren, um ihn zu trösten, und im Hause drängten sich die Frauen, die erschienen waren, um der Mutter des Jünglings Zuspruch zu geben. Der Scheich und seine Frau aber waren zu sehr beschäftigt, um sie zu beachten. Jede Stunde kam der Arzt. Der Jüngling bat, man möge seinem Bruder an der Azhar in Kairo und seinem Onkel im oberen Teil der Provinz telegraphieren. Er verlangte von Zeit zu Zeit nach der Uhr und schaute darauf, als wollte er die Zeit beschleunigen, als befürchtete er, daß er sterben könnte, ohne seinen Bruder, den Jüngling, und seinen Onkel, den alten Mann, noch einmal gesehen zu haben. Was war das für eine entsetzliche Stunde, diese dritte Stunde des Donnerstages, des einundzwanzigsten August 1902! Der Arzt hatte die Hoffnung aufgegeben. Er ging aus dem Zimmer, und als er zweien von den allerbesten Freunden des Scheichs anvertraut hatte, daß der Jüngling dem Tode nahe sei, kamen die beiden Männer herbei und traten ins Zimmer, in dem sich der Jüngling mit seiner Mutter befand. Sie zeigte sich an diesem Tage zum ersten Male in ihrem Leben vor den Männern. Der Jüngling wand sich in seinem Bett unter Krämpfen, erhob sich und warf sich wieder hin, setzte sich auf, verlangte die Uhr zu sehen und versuchte, das Erbrechen zu unterdrücken. Seine

Mutter schwieg. Die beiden Männer sprachen ihm Mut zu, doch er antwortete ihnen: „Ich bin auch nicht besser als der Prophet. Mußte nicht auch der Prophet sterben?" Er rief nach seinem Vater und wollte ihn trösten, aber der Scheich antwortete ihm nicht. Und immer wieder stand er auf, setzte sich und legte sich nieder, auf sein Krankenlager oder daneben. Abseits, in einem Winkel des Zimmers, saß unser Freund in schweigender Bekümmerung und mit vor Leid zerrissenem Herzen. Nun warf sich der Jüngling auf das Bett, er konnte sich nicht mehr rühren und begann, in ein tiefes Stöhnen auszubrechen, das von Zeit zu Zeit verstummte. Der Klagelaut wurde allmählich immer ferner. Unser Knabe hätte alles eher vergessen können als dieses letzte, ganz dünne und schwache Röcheln des Jünglings, das eine Weile anhielt, bevor es verstummte.

In diesem Augenblick erhob sich die Mutter des Jünglings, ihre Tapferkeit war am Ende, ihre Stärke gebrochen. Kaum stand sie, da fiel sie schon in sich zusammen und wäre umgesunken, hätten die beiden Männer sie nicht gestützt. Sie faßte sich und ging mit gesenktem Kopf leise und schnell aus dem Zimmer. Doch draußen entrang sich ihrer Brust ein Wehgeschrei, das dem Knaben das Herz zerreißt, sooft er daran denkt. Der Jüngling warf sich ein wenig hin und her, dann ging ein Zittern durch seinen Körper, auf das die Ruhe des Todes folgte.

Die beiden Männer traten heran, legten ihn zurecht, wickelten ihn ein, bedeckten mit einem Tuch sein Gesicht und gingen zum Scheich hinaus. Dann entsannen sie sich, daß ja der Knabe noch in einem Winkel kauerte. Einer kehrte zu ihm zurück, zog ihn, der ganz verwirrt und geistesabwesend war, aus dem Zimmer und brachte ihn zu den Leuten. Er stellte ihn irgendwo hin, wie ein lebloses Ding. Nach einer Stunde etwa war der Jüngling zum Begräbnis vorbereitet, und die beiden

Männer trugen ihn auf den Schultern hinaus. O welch bitteres Schicksal! Kaum hatten sie die Türe des Hauses erreicht, da begegnete der Bahre als erster jener alte Mann, der Onkel, den zu sehen, der Jüngling das Sterben so gern um einige Minuten hinausgeschoben hätte!

Von diesem Tage an herrschte tiefe Traurigkeit im Hause, und von groß und klein wurde erwartet, daß sie alle Anzeichen von Freude oder Fröhlichkeit zu jeglichem Anlasse vermieden. Der Scheich pflegte sich nicht mehr zum Mittag- oder Abendbrot zu setzen, ohne seines Sohnes gedacht und ihn für eine Weile beweint zu haben. Seine Frau stimmte an seiner Seite in seinen Schmerz ein. Söhne und Töchter standen um die Eltern herum und versuchten, sie zu trösten, erreichten aber nichts und waren schließlich alle den Tränen nahe. Seit diesem Tage wurde es in der Familie zur Gewohnheit, von Zeit zu Zeit den Nil zu überqueren und das Totenfeld aufzusuchen, obwohl sie es früher mißbilligt hatten, wenn die Leute zu ihren Verstorbenen gingen.

Und seither machte das Gemüt unseres Knaben eine gründliche Wandlung durch. Er hatte Gott kennengelernt und strebte eifrig nach seiner Nähe auf jede mögliche Weise, durch Almosen, durch das Gebet und durch Rezitation des Koran. Wallâh!, nicht Furcht oder Mitleid noch der Wunsch, selbst am Leben zu bleiben, waren es, die ihn dazu trieben. Er wußte, daß sein Bruder, der Jüngling, als Schüler moderner Lehranstalten seine religiösen Pflichten nicht voll erfüllt hatte. Deshalb übte der Knabe alle Arten frommer Werke, damit seinem Bruder einige Sünden erlassen würden. Sein Bruder hatte im achtzehnten Lebensjahr gestanden, und dem Knaben war es von den Scheichs her geläufig, daß Gebet und Fasten dem Menschen, sobald er das fünfzehnte Jahr erreicht hatte, zur Pflicht gemacht sind. Daraus leitete er ab, daß sein Bruder Allah drei volle Jahre Beten und Fasten schuldete, und er übernahm es, täglich die fünf vorgeschriebenen Gebete zweimal zu beten, für sich und für seinen Bruder, und zwei Monate im Jahr zu fasten: einen Monat für sich und einen für seinen Bruder. Er gelobte, daß er alles vor seiner Familie geheimhalten wolle, als besondere Übereinkunft zwischen sich und Allah, daß er Armen und Waisen von jeglicher Speise und jeglichem Obst gebe, das ihm in die Hand käme, ehe er sich seinen Teil davon nähme. Allah ist Zeuge, daß der Knabe dieses Abkommen monatelang gehalten und diese Lebensweise erst aufgegeben hatte, als er an die Azhar ging. Seit jenem Tage lernte der Knabe auch das Nachtwachen kennen und brachte dunkle Nächte nur in Gedanken an seinen Bruder zu oder einzig damit beschäftigt, tausendmal die Sure der lauteren Gottesverehrung zu rezitieren. Und alles gab er seinem Bruder zum Geschenk. Oder er erfand ein Gedicht, ähnlich der Poesie in den Geschichtenbüchern, in dem er seine Trauer und seinen Schmerz über den Verlust des Bruders beschrieb. Er beachtete dabei sorgfältig, daß er ein Gedicht nie abschloß, ohne dazu den Segensspruch auf den Propheten herzusagen und die Belohnung dafür seinem Bruder zu widmen. Ja, von jenem Tage an erfuhr der Knabe, was ein Alpdruck ist. Nacht für Nacht zog im Traume die Krankheit seines Bruders an ihm vorüber. Das ging jahrelang. Als er älter geworden war und die Azhar ihren Einfluß auf ihn ausübte, begann die Krankheit seines Bruders ihm nur dann und wann zu erscheinen. Er wurde ein Jüngling, er wurde ein Mann, doch so sehr sich seine Lebensweise auch geändert haben mag, er hält immer noch seinem Bruder die alte Treue. Einmal in der Woche denkt er mindestens an ihn und träumt von ihm.

Die Brüder und Schwestern haben sich über das Dahinscheiden ihres Bruders getröstet, seine Freunde und Altersgenossen haben ihn vergessen, und nur noch selten überkommt den Scheich das Gedenken an ihn. Aber zwei gedenken und werden stets seiner gedenken beim Anbruch der Nacht: die Mutter und dieser Knabe.

„Dieses Mal wirst du nun wirklich mit deinem Bruder nach Kairo fahren. Du wirst Student und sollst dich um die Kenntnis der Wissenschaft bemühen. So lange möchte ich noch leben, bis ich deinen Bruder als Kadi und dich als geachteten Lehrer der Azhar sehe, an einer ihrer Säulen sitzend und von einem dichten Kreis Zuhörer umgeben." Das sagte der Scheich zu seinem Sohn am Ende eines Herbsttages des Jahres 1902.

Der Knabe hörte sich die Worte an, glaubte sie aber weder ganz, noch hielt er sie für völlig unwahr. Er wollte lieber abwarten, ob sich in den kommenden Tagen ihre Richtigkeit oder Unrichtigkeit herausstellen würde. Denn oft schon hatte sein Vater so zu ihm gesprochen, und oft hatte ihm sein Bruder, der Azharite, bereits ein solches Versprechen gegeben. Doch dann war er wieder nach Kairo gereist, und der Knabe war am Ort zurückgeblieben und hatte sich weiter täglich in Haus, Schule, Gericht und bei den Zusammenkünften der Scheichs aufgehalten. Er begriff eigentlich nicht, warum das Versprechen seines Vaters gerade in diesem Jahre in Erfüllung gehen sollte. Aber eines Tages teilte ihm sein Vater plötzlich mit, daß er in wenigen Tagen abfahren werde.

Der Donnerstag kam: Nun sieht sich der Knabe wahrhaftig zur Reise vorbereitet. Er sieht sich noch verzweifelt und traurig auf dem Bahnhof sitzen, kurz vor Sonnenuntergang, die

Füße angezogen, zusammengekauert, mit hängendem Kopfe. Er hört noch, wie ihn sein älterer Bruder freundlich ermahnt: „Kopf hoch, mach nicht ein solch bekümmertes Gesicht, sonst betrübst du deinen Bruder!" Und er vernimmt, wie ihn sein Vater voll Güte ermutigt: „Warum bist du traurig? Bist du denn kein Mann? Kannst du dich nicht von deiner Mutter trennen, oder möchtest du lieber noch spielen? Hat das lange Spielen nicht genügt?" Wallâh!, der Knabe war nicht traurig, weil er von seiner Mutter Abschied nehmen oder nicht mehr spielen sollte, sondern weil er an den Bruder dachte, der jenseits des Nils schlief. Er erinnerte sich, wie sich jener oft ausgemalt hatte, daß er mit den beiden gemeinsam in Kairo leben würde, als Schüler der Medizinschule. Das alles kam ihm wieder in den Sinn, und er wurde betrübt, sagte aber nichts und zeigte seinen Schmerz nicht, sondern bemühte sich zu lächeln. Hätte er seinen Gefühlen freien Lauf gelassen, wäre er in Tränen ausgebrochen und hätte auch seinen Vater und seine Brüder, die um ihn standen, zum Weinen gebracht.

Der Zug fuhr ab. Die Stunden verflossen. Unser Freund sieht sich in Kairo unter einer Anzahl Studenten, die seinen Bruder in Empfang nehmen, ihn fröhlich begrüßen und die Eßwaren verzehren, die er für sie mitgebracht hat.

Auch dieser Tag ging zu Ende, und der Freitag kam: Nun sieht sich der Knabe beim Gebet in der Azhar. Er lauscht dem Prediger, einem Scheich mit dröhnender Stimme, der die R und die K besonders nachdrücklich ausspricht – sonst gab es gar keinen Unterschied zu dem Prediger in seiner Heimatstadt. Die Predigt war dieselbe wie zu Hause, die zweite Ansprache dieselbe, das Gebet dasselbe, weder länger noch kürzer als das Gebet zu Hause. Der Knabe kehrte, in seinen Erwartungen einigermaßen enttäuscht, nach Hause oder vielmehr in das Zimmer seines Bruders zurück. Sein Bruder fragte ihn:

„Was hältst du von der Intonation des Koran und von dem Studium der Lesarten?"

Der Knabe erwiderte: „Ich brauche das alles nicht, die Intonation beherrsche ich, die Lesarten benötige ich nicht. Hast denn du die Lesarten gelernt? Genügt es für mich nicht, wenn ich so wie du bin? Ich brauche jetzt nur Wissen. Ich will Rechtswissenschaft, Syntax, Logik und Einheitslehre studieren."

Sein Bruder antwortete: „Wie du willst. Es genügt, wenn du in diesem Jahr Recht und Syntax lernst."

Am Sonnabend erwachte der Knabe in der Morgendämmerung, vollzog die Waschung und betete. Dann erhob sich sein Bruder, wusch sich und betete ebenfalls und sagte zu ihm: „Du wirst jetzt mit mir in die Moschee gehen und eine Vorlesung hören, die eigentlich nicht für dich, sondern für mich ist. Nach der Vorlesung gehe ich dann mit dir in die Azhar und werde mich bei einem befreundeten Scheich für dich verwenden, damit du zu ihm gehen und bei ihm die Grundlagen der Wissenschaft lernen kannst."

Der Knabe fragte: „Und was ist das für eine Vorlesung, die ich hören soll?"

Sein Bruder erklärte lachend: „Eine über Rechtswissenschaft, Ibn Abidîns Glossen zu al-Haskafis Buch 'Die Perle' sind gerade dran." Und sein Mund füllte sich mit diesen Worten.

Der Knabe fragte: „Und wer ist der Scheich?"

Der Ältere nannte einen Namen.

Den hatte der Knabe schon tausendundeinmal gehört, sein Vater hatte ihn bereits genannt und sich gerühmt, jenen Scheich noch als Kadi in der Provinz gesehen zu haben, und auch die Mutter des Knaben hatte diesen Mann erwähnt und erzählt, daß sie seine Frau gekannt habe, eine dumme, grobschlächtige Person, die sich wie die Stadtleute kleiden wollte und ihnen doch in keiner Hinsicht glich. Der Vater hatte seinen Sohn von der Azhar, wenn dieser aus Kairo zurückkehrte, stets nach dem Scheich, nach seinen Vorlesungen und nach der Zahl seiner Schüler gefragt, und sein Sohn hatte ihm dann vom Scheich, von seiner Stellung am Obersten Gerichtshof und von seinem Zuhörerkreis berichtet, der Hunderte zählte. Der Vater war einmal in seinen Sohn gedrungen, er solle doch so vortragen, wie es der Scheich tue. Der Jüngling hatte ihn nachzuahmen versucht, wobei sein Vater voller Stolz und Bewunderung lachte. Er hatte seinen Sohn gefragt: „Kennt dich der Scheich?"

„Wie sollte er mich nicht kennen! Ich und meine Freunde gehören zu seinen bevorzugten Schülern. Wenn wir an seinen allgemeinen Vorlesungen teilgenommen haben, gibt es noch eine Privatlektion bei ihm zu Hause, und oft essen wir dort zu Mittag und arbeiten dann mit ihm an Hand der vielen Bücher, die er verfaßt hat." Und der Jüngling hatte das Haus des Scheichs, das Empfangszimmer und die Bibliothek beschrieben, und sein Vater hatte ihm ehrfürchtig staunend zugehört. War er dann zu seinen Freunden hinausgegangen, hatte er ihnen voll Stolz und mit einer gewissen Prahlerei erzählt, was er von seinem Sohn gehört hatte.

So war der Scheich dem Knaben schon ein Begriff, und er war glücklich, daß er in seine Vorlesung gehen und ihm zuhören durfte. Wie freute er sich, als er seine Sandalen an der Türe der Moschee ausgezogen hatte und auf den Matten, dann auf dem Marmor und schließlich auf den feinen Teppichen schritt, mit denen die Moschee ausgelegt war! Wie hochgestimmt fühlte er sich, als er seinen Platz in der Runde auf einem Teppich neben einer Marmorsäule einnahm! Er berührte die Säule, ihm gefiel ihre angenehme Glätte, und er versank in Nachdenken über die Worte seines Vaters: „So lange möchte ich noch leben, bis ich deinen Bruder als Kadi und dich als geachteten Lehrer in der Azhar sehe."

Während er noch versonnen träumte und sich wünschte, auch die Säulen der Azhar zu berühren – denn er wollte fühlen, ob sie ebenso wie die Säulen dieser Moschee beschaffen seien –, und während von den Studenten um ihn herum ein eigentümliches Summen ausging, merkte er, wie das Geräusch abnahm und dann ganz aufhörte. Sein Bruder legte ihm die Hand auf die Schulter und flüsterte: „Der Scheich ist gekommen!"

Der Knabe war nun ganz Ohr und hörte schweigend zu.

Doch was hörte er? Eine leise, ernste Stimme voller – man könnte sagen – Hochmut oder Großartigkeit oder wie man es sonst nennen will; jedenfalls war es etwas Seltsames, das dem Knaben nicht gefiel. Einige Minuten lang konnte er nicht wörtlich erfassen, was der Scheich sagte, bis sich seine Ohren an dessen Stimme und an den Widerhall im Raum gewöhnt hatten. Dann hörte er es richtig, erfaßte es und verstand. – Später hat er mir geschworen, daß er von jenem Tage an die Wissenschaft verachtet habe. – Er hörte den Scheich sagen: „... und wenn einer zu ihr (seiner Gattin) sagt: 'Du bist geschieden oder gemieden oder abgeschnitten oder vertrieben', so ist die Scheidung gültig, ohne Rücksicht darauf, ob die Formel irgendwie verändert wurde." Das rezitierte er in einem singenden Tonfall beinahe wie einen Hymnus, mit einer Stimme, die nicht ganz frei von einem rauhen Schnarren war, obwohl der Sprecher versuchte, ihr einen angenehmen Klang zu geben. Er beendete seinen Singsang mit einem Ausspruch, den er die ganze Stunde hindurch ständig wiederholt hatte: „Ihr habt verstanden, ihr -aben?"

Der Knabe fragte sich schließlich, was das wohl sein könne: -aben? Und als er aus der Vorlesung ging, wandte er sich an seinen Bruder: „Was ist denn -aben?"

Da schüttelte sich sein Bruder vor Lachen und erklärte:

„-aben heißt Knaben in der Sprache des Scheichs!" Er nahm ihn noch zur Azhar mit und stellte ihn seinem Lehrer vor, der ihn ein ganzes Jahr lang in den Grundlagen der Rechtswissenschaft und der Syntax unterweisen sollte.

Du, meine kleine Tochter, bist reinen Sinnes, unverbildeten Gemüts und guten Herzens. Du stehst in deinem neunten Lebensjahr, in einem Alter, in dem die Kinder ihre Väter und Mütter bewundern und sie als hehres Vorbild für das Leben ansehen. Sie ahmen sie in Rede und Handlungsweise nach und versuchen, in jeder Beziehung so wie sie zu sein. Sie rühmen sich ihrer, wenn sie sich mit ihren Altersgenossen beim Spielen unterhalten. Sie nehmen an, daß ihre Eltern auch in ihrer Kindheit schon genauso gewesen seien wie jetzt: Musterbeispiele, welche ein schönes Vorbild für edles Wesen überzeugend zum Ausdruck bringen.

Ist es nicht so, wie ich sage? Glaubst du nicht auch, daß dein Vater der beste und vornehmste Mensch ist und daß er das beste und edelste Kind war? Bist du nicht davon überzeugt, daß er so lebte wie du jetzt? Oder sogar noch besser als du? Würdest du jetzt nicht gern so leben, wie dein Vater lebte, als er in seinem achten Lebensjahr stand? Und trotzdem gibt sich dein Vater alle erdenkliche Mühe und bietet alles auf, um dir sein Leben als Kind zu ersparen.

Ich, mein Töchterchen, kannte ihn in jenem Abschnitt seines Lebens. Wenn ich dir davon erzählen wollte, wie es damals um ihn bestellt war, so würde ich viele deiner Vorstellungen Lügen strafen, viele deiner Hoffnungen enttäuschen und der Traurigkeit eine Tür in dein reines Herz und deine süße Seele öffnen. Es wäre eine Sünde, wollte ich sie öffnen, solange du in diesem entzückenden Stadium deines Lebens bist. Nein, ich werde dir jetzt nichts von dem Leben erzählen, das dein Vater damals führte. Ich werde dir nichts davon berichten, bis du ein wenig älter geworden bist und lesen, verstehen und urteilen kannst. Eines Tages wirst du imstande sein, zu begreifen, daß dich dein Vater wirklich geliebt hat und tatsächlich nur dein Glück im Sinne hatte, wenn er dir seine Kindheit und Jugendzeit hat ersparen wollen und wenn er damit bis zu einem gewissen Grade auch erfolgreich war.

Ja, mein kleines Mädchen, ich habe deinen Vater während jenes Abschnittes seines Lebens gekannt. Doch da ich weiß, daß dein Herz sehr zart ist und daß du ein sehr feines Gemüt hast, fürchte ich, das Mitleid könnte dich überwältigen und du würdest zu weinen anfangen, wollte ich dir erzählen, wie ich deinen Vater zur damaligen Zeit gekannt habe.

Ich habe dich erlebt, als du auf dem Schoße deines Vaters saßest und er dir die Geschichte von König Ödipus erzählte: der sein Schloß verläßt, nachdem er sich die Augen ausgestochen hatte, aber nicht weiß, wohin er sich wenden soll; und wie dessen Tochter Antigone sich ihm naht und ihn geleitet. Ich sah dich damals lächelnd dem Beginn jener Geschichte lauschen, doch dann veränderte sich langsam deine Farbe, deine gütige, offene Stirn verdüsterte sich zusehends, und schon warst du den Tränen nahe, vergrubst dein Gesicht an der Schulter deines Vaters und bedecktest sein Gesicht mit Küssen. Da kam deine Mutter herbei, riß dich aus seinen Armen und suchte auf jede Weise deinen Schrecken zu besänftigen; und deine Mutter und dein Vater – ja, auch ich – begriffen, daß du nur geweint hattest, weil Ödipus blind war wie dein eigener Vater – blind und unvermögend, seine Schritte selbst zu lenken. Du weintest über deinen Vater ebenso wie über König Ödipus.

Ich weiß, daß kindlicher Leichtsinn und auch die Lust am Scherzen und Lachen in dir liegen – dazu etwas von der Grausamkeit eines jeden Kindes, und ich fürchte, mein Töchterchen, wenn ich dir erzählte, wie dein Vater gewisse Zeiten seiner Jugend verbrachte, könntest du hartherzig sein und gedankenlos darüber lachen. Aber ich habe es nicht gern, wenn ein Kind seinen Vater verlacht, und kann es nicht leiden, wenn es ihn verspottet oder hartherzig gegen ihn ist.

Doch ich habe deinen Vater auch während eines Abschnittes seins Lebens gekannt, von dem ich dir erzählen könnte, ohne daß es dich traurig stimmen oder zum Lachen und Spotten verleiten würde.

Ich kannte ihn als Dreizehnjährigen, als er nach Kairo geschickt wurde, um die Vorlesungen in der Azhar zu besuchen: ein fleißiger und strebsamer Jüngling, schmal, schlecht aussehend, sein Äußeres vernachlässigt. Man merkte ihm die Armut so richtig an. In seiner schmutzigen Abâ'a, mit seiner Mütze, deren Weiß schon in Schwarzgrau übergegangen war, mit seinem Hemd, das aus der Abâ'a hervorlugte und dem die vielen Flecken von Speiseresten ein buntscheckiges Aussehen gegeben hatten, und mit seinen abgetragenen geflickten Sandalen würde man über ihn die Nase gerümpft haben. Und doch würde man ihm zugelächelt haben, trotz seiner schäbigen Kleidung und trotz seiner Blindheit, denn seine Stirn war hell, und sein Mund lächelte, wenn er mit seinem Führer in die Azhar eilte – seht, er strauchelt nicht und stockt nicht im Gehen, und auf seinem Gesicht zeigt sich nicht die Düsternis, die gewöhnlich das Gesicht der Blinden bedeckt. Man könnte ihn abstoßend finden, und dennoch müßte man ihn mit freundlichen Augen betrachten, wenn man ihn sieht, wie er während der Vorlesung ganz im Zuhören aufgeht, mit seinem ganzen Ich die Worte des Scheichs aufnimmt, immer lächelnd, ohne sich ablenken zu lassen, ohne der Sache überdrüssig zu werden und ganz und gar nicht zu dummen Scherzen aufgelegt wie die Studenten um ihn herum, die verspielt sind und jeder Neigung zum Unsinn nachgehen.

Ich kannte ihn, kleines Mädchen, in jener Epoche seines Lebens, und wie wünschte ich, du kenntest ihn wie ich. Du würdest den Unterschied zwischen ihm und dir ermessen können. Aber nein, wie kämest du wohl dazu, da du mit deinen neun Jahren das Leben noch voller Freude und Schönheit siehst!

Ich kannte ihn, wie er Tag für Tag, Woche um Woche, monate-, ja sogar jahrelang nichts anderes als eine bestimmte Art Speise zu sich nahm, von der er sich morgens und abends seinen Teil holte. Dabei jammerte er nicht und war niemals mißmutig. Im geduldigen Ertragen brauchte er sich nicht zu üben, da es ihm gar nicht in den Sinn kam, daß seine Lebensweise Anlaß zur Klage hätte geben können. Müßtest du, mein Töchterchen, von dieser Speise nur ein einziges Mal einige Bissen essen, wie würde sich deine Mutter gleich um dich sorgen! Sofort würde sie dir ein Glas Mineralwasser bringen und dauernd gewärtig sein, den Arzt rufen zu müssen.

Die Wochen, ja die Monate hindurch hat dein Vater nichts als das Freibrot der Azhar gegessen, und die Azhariten konnten sich schon beglückwünschen, wenn sich darin nicht Stroh oder kleine Steinchen oder irgendwelche Käfer befanden! Wochen und Monate verbrachte er bei solchem Brot, das in schwarze Zuckermelasse getunkt wurde. Und du weißt noch nicht einmal, wie schwarze Melasse aussieht, und wie gut, daß du sie nicht kennst!

So lebte dein Vater das ganze Jahr, voller Lernbegierde und voller Freude am Leben und am Studium, arm, ohne aber den Mangel zu spüren. Dann ging das Jahr zu Ende, und er kehrte zu seinen Eltern zurück. Sie holten ihn ab und fragten ihn sofort, wie er sich denn ernähre und wie er lebe. Er tischte ihnen eine Reihe Lügen auf, so wie er dir jetzt etwa Märchen zu erzählen pflegt. Er sprach von einem angenehmen Leben in Hülle und Fülle. Zu diesen Vorspiegelungen freilich trieb ihn nicht die Freude am Lügen. Er hatte einfach Mitleid mit den beiden alten Leuten und scheute sich, ihnen von den dürftigen Verhältnissen zu berichten, in denen er lebte. Auch nahm er Rücksicht auf seinen älteren Bruder, den Azhar-Studenten, und wollte nicht, daß seine Eltern erführen, daß er zu dessen Gunsten mit weniger Essen vorliebnahm.

So war das Leben deines Vaters in seinem vierzehnten Lebensjahr.

Und fragst du mich nun, wie er an den Platz gelangte, an dem er heute steht, wie sich sein Aussehen zum Guten verändert hat, so daß man sich heute nicht mehr verächtlich von ihm abwendet, wie er dir und deinem Bruder das angenehme Leben hat schaffen können, das ihr habt ... und wie er in vielen Menschen Neid, sogar Ablehnung und Haß zu erregen vermochte und in anderen wiederum Wohlwollen, Verehrung und Ermutigung; fragst du mich, wie er aus jenem Leben in das jetzige hineinwuchs – ich könnte es dir nicht sagen.

Jemand anderes kann dir aber auf diese Frage Antwort geben. Den sollst du fragen. Kennst du ihn? Sieh ihn an! Dieser wachsame Engel ist es, der sich abends über dein Bett neigt, damit du ruhig und friedlich in Träume hinüberschlummerst. Dieser Engel ist es, der sich morgens über dein Bett beugt, denn du sollst den Tag mit einem glücklichen Lächeln begrüßen. Bist du nicht dem Engel Dank für den Frieden deiner Nächte und für die sorglose Fröhlichkeit deiner Tage schuldig? Dieser Engel, mein kleines Mädchen, hat sich auch deinem Vater zugeneigt und ihn aus allem Elend zum Glück, aus Verzweiflung und Armseligkeit zu Hoffnung und Wohlfahrt, aus dem Leid zu reiner Glückseligkeit geführt. Die Dankesschuld deines Vaters diesem Engel gegenüber ist nicht geringer als deine. Und so helft ihr beide, mein Töchterchen, du und dein Vater, gemeinsam die Schuld abzutragen, denn was ihr davon erstatten könnt, wird ohnedies nur ein kleiner Bruchteil dessen sein, was ihr gern tun möchtet.

Über den Autor

Tâhâ Husain (1889-1973) wurde als siebentes von fünfzehn Kindern in einem Dorf bei Maghâgha in Oberägypten geboren. Sein Vater war einfacher Angestellter einer Zuckerraffinerie.

Auf der Dorfschule lernte Tâhâ Husain, der in früher Kindheit erblindet war, mit knapp neun Jahren den Koran auswendig und mit Hilfe seines Bruders die Alfiyya des Ibn Mâlik, eine vielbenutzte in Versen verfaßte arabische Grammatik. Im Alter von dreizehn Jahren begann er mit dem Studium an Al-Azhar, der religiösen Universität in Kairo. 1908 wechselte er zu der Ägyptischen Universität (jetzt Kairoer Universität) und gehörte zu den ersten Studenten dieser von europäischen Gelehrten neu gegründeten Hochschule. 1914 promovierte er mit einer literaturwissenschaftlichen Arbeit über Leben und Werk von Abu l-'Alâ' al Ma'arrî (973-1057), einer der großen Persönlichkeiten der arabischen Literatur, der auch als Kind erblindet war.

1914-1919 studierte er Geschichtswissenschaft und Literatur in Montpellier und Paris und beschloß das Studium mit einer Dissertation über Ibn Chaldûn, dem bedeutendsten arabischen Historiker (1332-1406). In Frankreich lernte er auch die klassischen Sprachen, Latein und Griechisch, kennen.

So wurde Tâhâ Husain nach seiner Rückkehr zum wichtigsten Vermittler sowohl des griechischen als auch des französischen Geistesgutes, zum Teil durch Übersetzungen (z.B. Aristoteles), vor allem aber durch zahlreiche literaturkritische Arbeiten. Von 1920-1932 war er Professor für arabische Literatur an der Kairoer Universität. Unablässig kämpfte er im Sinne der Vernunft gegen die Fesseln des religiösen Denkens und für eine Verbindung und Vereinigung des arabischen Kulturerbes und der europäischen Kultur.

Im Jahr 1926 wurde er angeklagt, den Islam verunglimpft zu haben. Die Staatsanwaltschaft schlug die Klage nieder, aber die Diskussion über dieses Thema blieb in Gang. 1932 wurde er unter dem Vorwand seiner islamfeindlichen Haltung aus der Universität entlassen.

Von 1942-1944 war Tâhâ Husain Rektor der Universität Alexandria, schließlich Unterstaatssekretär im Unterrichtsministerium und von 1950-1952 Unterrichtsminister. Unter seinem Leitmotiv: „Bildung ist das Recht aller, wie Wasser und Luft", setzte er sich für zahlreiche Neuerungen ein, so z.B. für die Schulgeldfreiheit für Sekundarschulen und das Frauenstudium.

Tâhâ Husain war Literaturhistoriker, Kulturkritiker, Übersetzer, Publizist, Literat, Hochschullehrer und vor allem ein großer Aufklärer. Er gilt als der geistige Vater der modernen arabischen Literatur. Zu seinem Hauptwerk zählt das autobiographische Werk „Die Tage" (Al-Ayyâm, Bd.1 1929, Bd.2 1940, Bd.3 1967), dessen erster Teil hier vorliegt.

Erläuterungen

Abâ'a: Übermantel aus Wolle, Seide oder Kamelhaar, der aus ganz glatten, aneinandergereihten Stoffbahnen besteht, die bis zum Boden reichen und aus deren seitlicher Naht man Löcher für die Arme ausgespart hat.

Abu Hanîfa: Stifter der nach ihm benannten Rechtsschule der Hanafiten, lebte im 8. Jahrhundert. Die islamische Rechtsprechung unterscheidet vier Richtungen oder Schulen: die Hanafiten, die Malikiten, die Schafiiten und die Hanbaliten, die alle jeweils nach ihren Gründern benannt sind.

Abu l-'Alâ' al-Ma'arrî: arabischer Dichter und Philosoph (973-1057), über den Tâhâ Husain an der Kairoer Universität promovierte.

Abu Zaid, Chalîfa und Diyâb: Gestalten aus dem mittelalterlichen Heldenroman „Sîra Banî Hilâl".

Al-Ghazâlî (1058-1112): originellster Denker und größter Theologe des Islam.

Alfiyya: vielgebrauchte arabische Grammatik in Versen von dem berühmten Grammatiker Ibn Mâlik (13. Jahrhundert).

Alif, Lâm, Mîm, Sâd: die Buchstaben A, L, M stehen vor 6, das S vor einer Koransure.

Antara und Zâhir Baibars: zwei arabische Ritterromane. Der Dichter Antara, der Sohn einer schwarzen Sklavin, trägt alle

Züge eines Musterbeduinen. Um Zâhir Baibars, die ritterliche und glanzvolle Persönlichkeit des geschichtlichen Mamlukensultans (13. Jahrhundert) und großen Wiederherstellers des Islam, schlingt sich eine einzigartige Komposition geschichtlicher Tatsachen und erfundener phantastischer Abenteuer.

Azhar: religiöse Universität in Kairo, 970 als Moschee erbaut. Ab 988 religiöse Schule und theologische Universität.

Azharite: Student an der Azhar.

Az-Zîr Sâlim und *Abu Zaid:* Gestalten aus dem Heldenroman „Sîra Banî Hilâl".

Banû Hilâl: Nomaden, die unter den Abbasidenkalifen Arabien mit ihren Räubereien verheerten, später in Oberägypten angesiedelt wurden und sich an den islamischen Eroberungszügen nach Nordafrika beteiligten. Diese Heerfahrten haben den Stoff zu vielen Erzählungen geliefert.

Burda: Lobgedicht des halbgelähmten Busîri, den Mohammed im Traum durch Umhängen seiner Burda, eines wollenen Tuches, heilte.

Chamsîn: heißer Frühjahrswind in Ägypten.

Derwisch: (pers. Bettler), eigentlich frommer Mann, dann Mitglied eines mystischen Ordens.

Dhikr: unablässige Wiederholung bestimmter Worte oder Formeln zum Preise Gottes, oft von Musik und Tanz begleitet.

Dhikr-Veranstaltungen: religiöse Zusammenkünfte o.g. Art.

Dschinnen: Dämonen (Wesen, die schadend oder helfend ins menschliche Leben eingreifen).

Einheitslehre: Grundlage aller Glaubensartikel des Islam. Sie wird von den Theologen in verschiedenen Deutungen angewandt; z.B. kann Einheit bedeuten, daß Gott eine Einheit in sich selber ist, oder daß er das einzige Wesen ist, das wirkliche und nicht nur zufällige Existenz hat, oder auch, daß Gott und das All eins sind.

Fâtiha: die erste Sure des Koran.
Fatwâ: Rechtsgutachten.
Halwâ: orientalische Süßigkeit aus geraspelten Nüssen und Zuckersirup.
Hasan Ibn 'Alî: 'Alî war der Schwiegersohn des Propheten, sein Sohn Hasan dessen Enkel.
Hûd: Name eines Propheten (Sure 11).
Ibn Chaldûn: berühmter Historiker (1332-1406). In seiner Muqaddima, dem Vorwort zu seinem „Buch der Gleichnisse", in dem er die moderne Geschichtsforschung in einigen allgemeinen Gesichtspunkten vorwegnahm, befindet sich auch ein Kapitel über Sufismus.
Ibn Mu'tî: aus Nordafrika stammender Grammatiker, der um 1200 lebte. Er verfaßte ebenfalls ein Alfiyya genanntes grammatisches Lehrgedicht.
„im Zustand der Reinheit": nach Beendigung der rituellen Waschung.
Intonation: Kunst, den Koran gesangartig vorzutragen.
Kasside: Gedicht.
Lesart des Hafs: Es gibt sieben kanonische Leser. Die Lesart des Hafs ist besonders in Ägypten, die des Warsch besonders in Nordwestafrika verbreitet.
maghrebinischer Tarbûsch: rote, spitze Kopfbedeckung ohne Krempe aus vier dreieckigen Filzbahnen.
Malik: 1. Name des Vaters des Propheten, 2. „Herrscher", Beiname Gottes.
Melasse: die bei der Zuckerfabrikation zurückbleibende, zähflüssige, schwarzbraune Lauge; enthält noch etwa 50% Zukker.
Milîm: kleinste ägyptische Währungseinheit.
Omar Ibn al-Farîd: gefeierter sufischer Dichter, lebte um 1200. In vielen seiner Hymnen ist der innere und äußere Sinn so eng

miteinander verbunden, daß sie entweder als Liebesgedichte
– und dem verdanken sie ihre große Volkstümlichkeit – oder
als mystische Hymnen aufgefaßt werden können.

Opferfest: großes muslimisches Fest. Es fällt auf den 10. Tag
des Monats, in dem die Pilgerfahrt stattfindet und stellt einen
Teil deren Riten dar. Es soll der Erinnerung dienen an Abrahams Bereitschaft, seinen Sohn (nach muslimischer Auffassung Ismail und nicht Isaak) zu opfern. Das Schlachtopfer:
Kamele, Schafe oder Geflügel, wird dem Reichtum der Familie entsprechend ausgewählt.

Qutb al-Mitwallî (Mutawallî): geheimnisvoller Sufi-Heiliger.

Rakʿa: wörtlich Niederwerfung, bedeutet ein einzelnes rituelles Gebet.

Ramadân: islamischer Fastenmonat, in dem es verboten ist,
zwischen Sonnenaufgang und Sonnenuntergang Speise oder
Trank zu sich zu nehmen.

„Riechen des Windhauchs" (schamm an-nasîm): großer ägyptischer Feiertag ohne Zusammenhang mit den christlichen
und muslimischen Gebräuchen, mit Ausnahme der Tatsache,
daß er Montag nach dem koptischen Ostern liegt. Es ist vermutlich das Frühlingsfest der alten Ägypter.

Saif Ibn Dhî Yazal: südarabische Führerpersönlichkeit, um die
sich ein Volksroman schlingt. Er besiegte die Abessinier, vertrieb sie aus dem Jemen und übte dort unter persischem Protektorat die Herrschaft aus.

Sayyida Zainab: Tochter des Propheten. Die gleichnamige
Moschee in Kairo birgt ihr Grab.

Sayyiduna l-Husain: Enkel des Propheten. Er starb 680 in Kerbela den Märtyrertod. Er soll in der nach ihm benannten Kairoer Moschee begraben liegen.

Schatzkästlein der Kinder: Lehrbuch der Intonation für Kinder.

„stufenweise erschaffen": im Koran, Sure 71, V. 13 steht: „Er hat euch stufenweise erschaffen." Die Wörter aṭwâr „Phasen" und aṭwâṛ „Stiere" klingen ähnlich.
Sufi: islamischer Mystiker.
Sufismus: islamische Mystik.
Sunna: Sammlung von Überlieferungen der Handlungen und Aussprüche des Propheten Mohammed.
Sure: Koranabschnitt; der Koran hat insgesamt 114 Suren.
Sure der lauteren Gottesverehrung: Sure 112, das Bekenntnis zur Einheit Gottes.
Sure Yâ-Sîn: die Sure hat ihren Namen von den beiden Buchstaben, die, einfach nebeneinandergestellt, an ihrem Anfang stehen und vielleicht Yâ Sayyid (O Herr) oder Yâ Insân (O Mensch) bedeuten. Die Magier glauben, daß diese Sure mit geheimen Zauberkräften ausgestattet sei.
Tâ Sîn Mîm: Namen dreier Buchstaben, die, einfach nebeneinandergestellt, am Beginn der betreffenden Suren stehen und deren Sinn umstritten ist.
Tallaqtuki = „Ich habe dich verstoßen". Islamische Scheidungsformel, die, wenn der Mann sie dreimal gegen seine Frau ausgesprochen hat, die sofortige rechtskräftige Scheidung von ihr bewirkt.
Tarbuschträger: europäisierter Muslim.
Teile des Koran: der Koran wird zu Vortragszwecken in 30 etwa gleiche Teile aufgeteilt, von denen jeweils einer für jeden Tag des Fastenmonats Ramadân gedacht ist.
„wie man eben zu essen pflegt": gewöhnlich reißt man von großen, runden, etwa fingerdicken Brotfladen ein mundgerechtes Stück, einen „Bissen" ab, schöpft mit ihm wie mit einem Löffel aus der gemeinsamen Schüssel und verzehrt es dann samt Inhalt.
„Yâ Sattâr": diesen Ruf stoßen männliche Besucher bei ihrem Eintritt ins Haus aus, damit die Frauen des Hauses – die un-

verschleiert zu sehen ja nicht gestattet ist – sich rechtzeitig in Sicherheit bringen können.

Zanâtî: berberischer Nomadenstamm, auf den die Banû Hilâl in Nordafrika stießen und mit dem sie viele Kämpfe ausfochten.

nagib mahfuz: das hausboot am nil, roman, 160 seiten, dm 18,–. dazu schreibt die »frankfurter allgemeine zeitung« am 3. 4. 1983: »es kommt einer kleinen sensation gleich, wenn in einem kleinen verlag der roman eines mannes erscheint, der als der bedeutendste zeitgenössische arabische schriftsteller gilt. / zweisprachige reihe arabisch-deutsch: 1. yahya hakki: die öllampe der umm haschim; 2. salah abd as-sabur: der nachtreisende; 3. tayyib salih: die hochzeit des zain; 4. ghassan kanafani: männer in der sonne. / einer aus gilan. kritische erzählungen aus persien. herausgegeben von touradj rahnena, 212 seiten, dm 22,– : die in iran enge verflechtung der literatur mit den politischen und sozialen ereignissen der zeit wird in dieser sammlung von 14 modernen iranischen autoren eindrucksvoll deutlich. literarisches können verbindet sich mit mutiger haltung gegenüber dem regime. / in der reihe »märchen« sind erschienen: doris hassan-daufeldt: immer wenn der mond aufgeht, geschichten und märchen aus algerien; die nachtigall tausendtriller, armenische volksmärchen; der gewittervogel, märchen der berber algeriens/verlag edition orient